組合 その力を地域社会の資源へ

生活公共の視点から
労働組合・共済・労金・生協はなにができるのか

著
住沢博紀（日本女子大学教授）
一般社団法人 **生活経済政策研究所**

イマジン出版

はじめに──生活公共の創出と労働組合のイノベーション

　生活（livelihood, life style）、地域（local community）、公共（public）、市民的（civic）、社会的（social）などのことばは、誰もが知っており、日常的に使われている。とはいえ、生活と地域はごく自然にイメージできるが、公共、市民的、社会的という後者の3つを聞くと、何か改まって身構えるかもしれない。本書では、こうしたことばが現在もつ意味と意義をもう一度深く考え、そこから「生活公共」という新しい視点を設定した。日本が現在陥っている時代閉塞的な状況を突破する手だてを探すためである。

　生活者の視点から経済をみる「生活経済」がますます重視され、また国連は、2012年を国際協同組合年とし、生協運動も「生活の協同」という視点から再検討された。また2012年4月から、「新しい公共」と認定NPO制度、つまり寄付金を最大50％まで税額控除できる制度が施行されている。そうであれば、生活と行政や公共性との関連、いいかえれば「生活の公共」についても、議論が必要となる。

　「生活公共」とは私の造語であり、「生活」を離れた宙に浮く「公共」ではなく、「生活に埋め込まれた公共」をイメージしていただければよい。そのためには、「生活の公共化」と「公共の生活化」が必要となる。わかりやすい例でいえば、専業主婦による家庭内育児から、共働き世帯へのさまざまな形態での行政の支援を受けた家庭外での「育児の社会化」もその一つである。逆に、行政の側も、認可保育施設だけではなく、生活者の立場からのさまざまなニーズに対応した支援が必要となり、生活感覚から遊離した「公共性の原則」は再検討を迫られる。これが「公共の生活化」の一つの例である。詳しくは、第1章「社会のエンパワーメントと生活公共」をみていただきたい。

　本書の目的はもう一つある。東日本大震災と福島原発事故のあとでは、生活や生計だけではなく、生命そのもの（life）の危うさも

自覚せざるを得なくなった。政治やマーケットだけではなく、社会の持つすべての資源を活用しなければ、未来が見えない時代に来ているといえる。そこで、地域と労働組合の新しい課題に焦点を当てたい。「失われた10年」が「失われた20年」になるにつれ、数多くの議論や提案がなされたが、マンパワーの点でも、資金的にも、社会のなかでは潜在的には大きな力を持つ労働組合について、ほとんど議論がなされてこなかったからである。さらに労働組合と連携する共済組織や生協を付け加えると、その活用しうる資源は非常に巨大なものになる。「NPOとしての労働組合活動」という視点に立てば、市民活動と労働組合を隔てる壁はなくなる。

　東日本大震災に際して、NPO組織のボランティア活動や復旧支援活動は大きく報じられた。しかし継続性や規模の問題で考えると、労働組合、共済、生協の支援活動もそれに劣らない、あるいはそれ以上の貢献を行ってきた。ただそれはあまり目に見える形でなく、またメディアでも詳しく報じられることはなかった。私たちの社会が持つさまざまな力や資源を活用するためには、すべてのものを可視化する必要がある。そして可視化するとは、評価するためだけではなく、その問題点や限界も指摘することを意味する。これが本書の基本的なスタンスである。

　これまで労働組合は、春闘などの賃上げ闘争や、公共サービス、社会保険や雇用保護などをめぐる制度・政策闘争、それに組織内候補を支援する選挙活動など、経済・政治領域の活動が中心であった。より広範な勤労者全体の利益をめざす「社会的労働運動」や、地域の活動に重点を置く運動方針も出されたが、多くは議論に終わるか最初の段階で停滞していた。ここでは、「市民的・社会的」労働組合を、もう一つの新しい柱として提起したい。

　「市民的」なものと労働組合の関係については、1990年前後に、「企業市民」という企業サイドからの注文があった。これに対して、市民派研究者からは、労働組合は「職場の中での（自立した）市民運動」に脱皮する必要がある、という提起がなされた（山口定ほか

編『市民自立の政治戦略』朝日新聞社　1992）。また「社会的」労働組合運動については、ヨーロッパ社会民主主義と労働組合運動をモデルに、久しい前から議論されてきた。しかしここで述べる「市民的・社会的」労働組合は少し位相が異なる。

　90年代後半が一つの転換点をなしている。この15年ほどの労働組合活動のイノベーションに関して、次の二つの提起に注目したい。

　第1に、林雄二郎・連合総研（編）『新しい社会セクターの可能性　NPOと労働組合』（第一書林　1997）は、現在にもつながるが興味ある論点が提示されている。連合のシンクタンク組織である連合総研がこうしたテーマに関心を持ったのは、「依然として1100万人を組織し、財政・機構もふくめて他のNPOと比べて群を抜いた潜在力を持ち、……各種労働者福祉組織もNPOと考えれば、これらの組織の活性化が、新しい社会形成するためには不可欠である」という問題意識があったからと書かれている。

　1996年NPOセンターを立ち上げた山岡義典は、「第4章　地域社会における非営利活動」において、労働組合と地域のボランティア活動のありかたを、労働組合員に対するアンケート調査に基づいて展開している。ボランティア活動をもっと活発にするためには何が必要か、という問いに、「労働組合がもっと力を入れる」という回答は49.3％で11位にすぎない。そこで山岡は結論として、地域の側の組織（住民型の組織と市民型の組織）が中心となり、労働組合ができることは、組合の持つ人材や資金を地域社会で活用し、勤労者が地域でもっと生活しやすくすることであるとのべている。

　また労働者福祉や地域福祉の理論家であり助言者でもあった、大谷強・関西学院大教授は、「労働者自主福祉活動の展開と労働組合」の章を担当する。労金も全労済もその組織の巨大さにもかかわらず、事業的には多くの問題を抱えており、また地域の労働者福祉協議会と労働組合や事業団体との連携が煮詰まっていないと指摘した上で、労働組合がNPOとして再出発することを提案する。いいかえれば「市民社会の個人として勤労者が行っている活動を、労働組

合としても展開すること」となり、本書で提起される論点とも重なる。

　このときから15年が経過したが、「NPOとしての労働組合」という提起は波及しなかった。それはおそらく、「社会運動としての労働組合運動の再生と地球市民社会の時代に適合した活動」という意味になるだろうが、この文脈で、連合やその産別労組の抜本的なイノベーションが現在進行中であるとはいい難い。他方で、「地域」をキーワードとする新しい活動は、少しずつ広がりを見せてきた。労働組合が長期的な衰退過程にあるのか、それとも新しい転機が訪れているのか、その検証が問われている。そして労働組合にとって、やはり雇用の構造変化が第一の問題となる。

　雇用に関して過去20年間の最大の変化は、非正規雇用の増大と、若年世代を中心に雇用不安が大きな社会的リスクになっていることである。バブル期末の1990年には、非正規スタッフは881万人、20.2％であったが、2012年春には、1,775万人、34.5％と、三人に一人の割合となっている（厚生労働省、「労働力調査」から）。日本経済の構造的な問題、あるいは小泉構造改革による労働者派遣事業法の規制緩和を見直すなどの国政レベルでの政策課題とは別に、地域における雇用機会の創出、雇用のミスマッチの解消のためのキャリア教育・活動、事業を起こす（社会的企業や新しい生業など）、派遣切りの際の住宅確保や生活支援など、数多くのプロジェクトがさまざまな団体により企画され、実施されている。

　日本における労働研究の第一人者、中村圭介はこの関連で連合の新方針を高く評価する。そしてこれが第2の論点である。中村は、2005年連合の第9回定期大会で確認された「地方連合会・地域協議会改革の具体的実施計画」、すなわち、現在471ある地域協議会を再編して300にし、すべてに専従者をつける。2010年4月での専従者の配置された地協は163となった。中村はこれを、「日本の労働組合運動内部で静かな革命が始まった」と評価する。この革命のキーワードは、「地域で顔の見える労働」である。非正規の組織化および、

すべての地域組織に専従者を置き、地域で顔の見える運動を展開すること、この二つのことがこれまでの企業組合の短所を克服する可能性をもち、自らの変革のチャンスであるとする。(坪郷實・中村圭介　編『現代の社会政策第5巻．新しい公共と市民活動・労働運動』明石書店　2011、「第7章　地域で顔が見える労働運動へ」)。

　この中村の評価が、希望の表明に過ぎないのか、それとも現実に始まった「静かな革命」なのか、これから問われることになる。地域に関しては、山岡が整理した、住民団体、市民団体、そして労働組合や共済などの事業団体という3グループの区別は、現在でも根強く続いている。政府の施策においても、NPOなど市民団体は「新しい公共」として、労働組合・生協・経団連や消費者協会など伝統的な社会経済組織は、「社会的責任に関する円卓会議」として組織されている。これに国土交通省の観光などのよる「まちおこし」などの地域再生政策、厚生労働省の「地域包括ケア」プロジェクトや地域福祉計画などを付け加えると、省庁の縦割り行政やプロジェクトにしたがって、多くの地域資源や団体が動員されていることになる。「生活公共」は、こうした現状に対する批判の視点を提供することになる。

　さて本書は、こうした90年代からの市民活動や地域再生の新しい動きの分析と課題提起、さらには連合および加盟産別、地域組織の活動報告もふくめて構成されている。福祉国家でも市場原理主義でもない、市民的活動の参加理念（civic）や社会のもつ資源の活性化（social）と組織化により、生活をより安全・安心に、そして生活の質を高めていこうという行動は、欧米では「ソーシャル・ガバナンス」と呼ばれてきた。いま大事なことは、欧米の運動や制度化の表現である「ソーシャル・ガバナンス」を、そのまま日本に当てはめることではなく、むしろその違いを自覚することにより、日本版「ソーシャル・ガバナンス」の独自性と可能性を追究することである。

　本書は、全体として3部構成となっている。

第１部は、いわば理論編であり、執筆者も大学の研究者である。本書の基本的な視座である「生活公共」を切り口にして、３本の論文からなる。第１章では、その目的である「社会のエンパワーメント」の論理構成を示す。第２章では、現在展開される日本の縦割り行政のもとでの、地域福祉計画が生れた経過とその限界を指摘する。同時にフィンランドでの労働組合の社会的事業参画の事例を記す。そして第３章では、「新しい生活問題」である「社会的孤立」を考察する。その場合、気仙沼市の仮設住宅入居者サポートセンターでの現地調査をふくめて、地域づくりの課題を提起する。
　第２部は、情報労連、JP労組、電機連合、日教組、自治労という５つの産別からの労働者自主福祉事業もしくは地域活動プロジェクトの位置づけと報告である。これらの活動がそのままで、「日本版ソーシャル・ガバナンス」まで発展しうる労働組合の地域・社会活動となりうるかどうかは、読者の判断に委ねたい。
　ただ欧米の地域を活動拠点とする産別組織に対して、日本では、産別組合も公務労協加盟の組合も、事業所内活動など職域活動が中心であり、一般的にはこれまで地域との関係は薄かった。そうした環境の中で、しかしいくつかの支部は独自活動として、労働者自主福祉事業や地域社会との連携事業を立ち上げてきた。あるいは、自治労や日教組のように、組合の活動方針として、自治研運動や教育研究全国集会（教研集会）を長年にわたり実践してきており、その中では職場・職員をこえる市民自治研、あるいはPTAや生徒・児童と共同で行う教研プロジェクトなど、地域との連携を強めてきた。
　情報労連では、大学などの教育機関と連携した、「明日知恵塾」という学生の就職活動支援プログラムを2006年から実施している。またNTT労組は、前身の全電通の時代から、近畿地方本部において社会福祉法人を設立し、カンパにより知的障害者総合福祉施設、老人福祉施設を建設し、運営している。JP労組は、2007年の統合組織として発足する際に、自らを「福祉型労働運動」と規定し、その

具体化として、「JP愛ネット運動（仮称）」という地域福祉活動を行う。電機連合の神奈川地方協議会は、1995年に社会福祉法人を設立し、主として障害者の就労を通した自立支援事業を行い、3つの施設を運営する。その基金の一部は、ティッシュBOX販売という、カンパによって賄ってきた。

　このような事例は、組合員の間ではカンパ活動や研究会参加を通して知られてはいるだろうが、外部にはそうではない。多くの活動は、カンパや社会貢献への意識、主体的な地域の問題との取り組みなど、組合員の善意と熱意に支えられている。これは称賛に値することであり、もっと情報発信をすべきだろう。しかし産別組織全体の中では、まだいくつかのシンボル的な拠点という存在であり、一本のラインにはなっていない。ましてや組合の持つ様々な資源を活用する、ネットワーク活動には至っていない。JP労組が唱える福祉型労働運動が軌道に乗れば、共済や外部団体もふくめた事業活動になる可能性があるが、現実はまだ企画段階である。大産別労働組合が、地域をカバーできる規模の福祉団体、あるいはNPO組織を設立して、ソーシャル・ガバナンスの担い手となる構図は、まだ日本では見えてこない。

　第3部で扱う、「第9章　21世紀の労働者自主福祉事業と地域生活公共」と、「第10章　地域・生活・公共のための協働組合の連携の可能性：労金と労済・生協」は、2本とも、中央労働者福祉協議会（労福協）前事務局長と中央労金副理事長という当事者によって書かれたものである。ここでは労働組合の地域連合組織や共済・生協などとの新しい連携が、地方労福協レベルでは一部実現し、さらにその全国的な拡大の可能性が模索されている。ソーシャル・ガバナンスのためのマンパワーと資金は、ある程度、成熟しつつあるといってもよい。

　とりわけ、2003年には、地方労福協を中心に、地域社会への「よろず生活相談」ともいえるライフサポート事業を始め、2005年には、連合、中央労福協、労金協会、全労済の4団体による地域での

協働が確認された。これは連合の300の地域協議会に専従職員を配置する計画とも合流することになり、近い将来、地域を拠点とした大きなネットワークが形成されることになる。

　山口中央労金副理事長の「生活公共」の理解には興味が惹かれる。生活がすべての前提になっており、労働組合（運動）から生協、共済、労金が成立したのも、すべて生活問題からであった。それが次には組合員（加入者）を超える地域社会へと展開し、地域の課題が視野に入ってくる。それは同時に、公益性をもつ課題でもあるので、公共へと発展するという構図が描かれる。

　このように、労福協も労金も、そしておそらく全労済も、組合員（加入者）に限定されたサービス供給から、地域の生活公共へと発展する現状が報告される。しかし、政府の縦割り行政や共済・労金への規制が、その拡大の妨げとなっている。事情は生活協同組合も同じである。3部の最後の章、11章では、生協総研の栗本理事に、日本のソーシャル・ガバナンスの現状と課題を、生活協同組合の視点から整理していただいた。

　おそらくこうした3部構成の出版物は、他にはないと思われる。連合総研も、2012年の「国際協同組合年」を前に、労福協、共済、生協などをまとめる総合的な研究会を発足させ、その報告書もすでに出されている。しかしそこでは産別組合そのものの活動は入っていない。NPOなどの市民組織、自治会など地縁組織、生協や共済、それに労働組合という、地域社会における多様な活動の担い手を、「生活公共」を共通項として、社会のエンパワーメントのために活用する方法をここでは検討してみたい。どの程度それが成功したか、現場をもつ人々や読者の判断を待ちたいと思う。

　最後に本書の成立の背景を簡単に述べておきたい。生活経済政策研究所の自主研究プロジェクトの一つとして、「労働組合と地域生活経済・生活公共に関する研究会（略称：地域生活公共研）」が立ちあげられ、2010年12月から2012年11月まで、13回の研究会を行った。中心となる「地域・生活公共」というテーマは、同じ生活経済

政策研究所の自主研究「地域再生の制度・構想」（2007年～2008年）において、今回の研究会の主査を務めた住沢の提唱したものである。この研究会の成果は、神野直彦・高橋伸彰（編）『脱成長の地域再生』（NTT出版　2010）として出版されている。

　1990年代から、NPOなどの「新しい公共」の発展、コミュニティ再生論で議論される地域住民組織の再定義と活性化がテーマとなっている。こうした最近の地域活動と、労働組合・共済・生協などのいわば「20世紀型の社会運動」が、生活公共という視点を媒介として、どのように連携・協働が可能か、というのが今回の「地域生活公共研」のテーマであった。研究者として住沢以外には、藪長千乃と鈴木奈穂美の2名、さらに高橋均、中央労福協前事務局長、産別本部からはNTT労組、自治労、日教組、JP、情報労連、電機連合が、それぞれ委員として参加し、報告していただいた。オブザーバーとして、栗本昭生協総研理事、山口茂記中央労金副理事長、大塚敏夫中央労福協事務局長、荻原久美子東大社研特任助教、高山尚子連合総研研究員に参加をお願いし、そのうちの幾人かは執筆も依頼した。研究会の委員は全員、本書の執筆者になっているので、各産別からの参加者とその肩書については、執筆者紹介のページを参照していただきたい。

　東日本大震災をはさんであしかけ2年の研究会を続け、しかも生活経済政策研究所ならではの、各産別本部や中央労福協・共済・生協からの有力な参加者を得ることができた。この報告書が、地域活動を担う人々の関心を引き、あるいは職域地域と生活地域という複数の場所で活動する労働組合員にとって、「組合（ユニオン）」の意味をもう一度考え、労働組合のイノベーションのために何らかのヒントになれば幸いである。

　　2013年　3月　執筆者と研究会を代表して

　　　　　　　　　　　　　　　　　　　　　　　　住沢博紀

目　次

はじめに―生活公共の創出と労働組合のイノベーション―― 3

第一部

1. 社会のエンパワーメントと生活公共
　―――――――― 住沢博紀（日本女子大学教授） 15
2. 生活公共と地域福祉―――― 藪長千乃（東洋大学教授） 51
3. 社会的孤立への取り組みから、地域生活公共を考える
　―――――――― 鈴木奈穂美（専修大学准教授） 73

第二部

4. 「情報労連　21世紀デザイン」と「新たな行動」
　―――――― 才木　誠吾（情報労連政策局長） 99
　―――― 余田　彰（NTT労働組合中央本部交渉政策部長）
5. 地域社会の安心・安全のよりどころとしての郵便局とJP労組の地域貢献活動の取り組み――桐谷光男（JP総合研究所所長） 118
6. 電機連合の事例紹介――電機産業職業アカデミーと障がい福祉委員会の施設運営――住川　健（電機連合産業政策部長） 136
7. 教育研究活動と社会的対話
　―――― 山本和代（日教組中央執行委員、教育改革部長） 150
8. 自治労の自治研活動がめざしてきたもの
　―――――― 南部美智代（自治労総合政治政策局長） 169

第三部

9. 21世紀の労働者自主福祉事業と地域生活公共
 ──────── 高橋均（中央労福協前事務局長） 187

10. 協同組合の連携の可能性：労金と労済・生協
 ──────── 山口茂記（中央労働金庫副理事長） 209

11. ソーシャル・ガバナンスと日本のサードセクターの課題
 ──────── 栗本昭（公益財団法人生協総研理事） 225

著者紹介 ──────────────────────── 240

第1部

1章 社会のエンパワーメントと
　　生活公共
　　　　　住沢　博紀（日本女子大学教授）

2章 生活公共と地域福祉
　　　　　藪長　千乃（東洋大学教授）

3章 社会的孤立の取組みから、
　　地域生活公共を考える
　　　　　鈴木　奈穂美（専修大学准教授）

1章
社会のエンパワーメントと生活公共

住沢　博紀　日本女子大学教授

1　はじめに──「市民的・社会的」労働組合のために

　「経済大国から生活大国へ」といわれたバブル期の1980年代末から、ほとんど4半世紀過ぎた。今私たちは、どのような社会に生きているのであろうか。この間に、日本の相対的貧困率や社会的格差は、OECD諸国の中では、韓国やアメリカ合衆国と同じ、格差の大きいグループになった。雇用者の3人に一人は非正規雇用となった。どのように考えても、安心・安全が実感できる「生活大国」に住んでいるとは思われない。

　しかしまた「失われた20年」から連想するほど、停滞し、衰退する社会に住んでいるわけでもない。1980年代のバブル期と比べても、都市生活は明らかに快適になり、落ち着いた洗練さを獲得してきている。個人の生活スタイルも多様になった。一人当たり国民所得も34,645ドル（2010年、OECD統計）であり、過去20年間の経済的停滞の割には、ドイツ、フランスなどEUの中心諸国と大きな違いはない。

　このように、今私たちが住んでいる日本社会を、一口で表現することはむつかしい。かつてのように、国民の共通の目標や課題はもはや存在しないようにも見える。世界を見ても、1980年代までの福祉国家は、その改革に成功した北欧諸国を除いて、グローバル資本主義に席巻された観がある。しかしその市場原理主義も、2008年9月のリーマン・ショックにより、当面は後退を強いられている。こ

のため90年代半ばから、政府でも市場でもない、あえていえば「社会そのもののエンパワーメント（自らの資源を活性化する力をつけること）」による問題解決の道が求められている。ここでは、「生活公共」[1]という新しいことばにより、より豊かな「社会のエンパワーメント」を実現する道を探ってゆきたい。日本では、「社会」ではなく、「生活」が出発点となると私は考えるからである。議論をわかりやすくするため、文献や背景の説明などはすべて脚注にした。それらを飛ばして読んでいただいても結構である。

日本の場合、大きく分けて3つの領域の新しい課題や活動が提起されている。

第1に、NPOに代表される、ボランタリーで非営利な市民活動の台頭があげられる。「新しい公共」をめぐる議論と2012年からの新寄付税制の実施は、このNPO台頭と密接に関連しているので、これを「NPOと新しい公共戦略」と名付けよう。この活動は、1980年代から首都圏や関西圏など大都市の消費者運動（市民・生活者運動）として登場し、80年代末東欧の市民社会の復権、アメリカのNGO／NPO論、阪神淡路大震災のボランティア活動などに触発され、市民的公共性（「新しい公共」）という論点に集約されていった。

第2の大きな流れは、まちおこしや地域の活性化に問題の解決を求め、そのためコミュニティをいかに再生するかという課題を重視する立場である。これを「コミュニティと地域再生戦略」と呼ぼう。

この地域再生戦略は、家族、近隣組織、自治会など伝統的な親密圏や地縁組織、さらには商店街などの地域生活の再構築をめざす。1980年代までは「自明」であった、子どものいる核家族や三世代同

---

1) 市民・生活者にとって、「生活公共」とは、介護・育児などの「私的生活」の限界を自覚し、同時に、「地域社会や自治体行政と、日常生活をとおし協働する」実践概念でもある。住沢博紀「生活公共の創造」、神野直彦・高橋顕彰　編著『脱成長の地域成長』NTT出版、2010年180頁以下参照

居、「イエ」や「ムラ」という共同社会の伝統を受け継ぐ企業社会や地域社会の存在、これらは90年代以後、衰退するとともにもう一度、その価値や役割が再認識されるようになった。地域をコミュニティ（近隣住民の自治と協同）として構築しようという政策は、皮肉なことに、地域がコミュニティではなくなってきている度合いに応じて、自覚されるようになった[2]。

　第3は、あまり一般の人々の目には付かないが、数千万の人々の生活に関係する活動がある。協同組合・共済組織など連帯や共助などの理念に立脚する伝統的な社会的事業組織である。現在、そうした組織が、いかに地域社会に貢献できるかが議論されている。これを「生活の協同と社会的企業（ソーシャル・エンタープライズ）戦略」[3]とよびたい。

　「生活の協同」戦略もまた、協同組合、共済組織、福祉団体など、19世紀からの長い歴史を待つ社会組織の近代化でもある。とすれば、20世紀最大の社会運動であった労働運動の中軸となる労働組合の再構築を無視することはできない。社会のエンパワーメントとは、「新しい公共」も、「旧い公共＝伝統的な社会的勢力」も、すべてがそのもてる資源を活用し、協働しあうシステムを意味するからである。

　したがって、この章では、すでに議論される3つのテーマに付け加えて、第4番目の課題を提示したい。それは第3の「生活の共同」と共通性をもつので、それをなぞって「生活の公共」の創出、

---

2) 高度成長期に郊外都市が膨張する時代にもこうした試みはあった（1971年、自治省のモデル・コミュニティの指定、整備計画）。しかし90年代以後、過疎・限界集落の増加、地元商店街のシャッター通り化、家族の変容と単身高齢者世帯の増加、マンションの普及による自治会加入率の低下など、地域を支えてきた基盤が崩壊してゆくなかで、最大の政策課題として認識されたのである。東日本大震災の津波被害により、いくつかの地域は壊滅的な打撃をうけたが、それだけ地域生活や人々の結び付きを求める願いは強くなっている。これらは、人間関係の希薄化もふくめて、「ソーシャル・キャピタル（社会関係資本）」や「地域コミュニティ再生」論として、大きな政策的ニーズをうみだしている。コミュニティに関しては、広井良典『コミュニティを問いなおす　つながり・都市・日本社会の未来』（ちくま新書2009）がわかりやすい。

3) 生活協同組合の新しい構想と活動については、大沢真理　編著『生活の共同　排除をこえて共に生きる社会へ』（日本評論社　2007）参照。さらに塚本一郎他編著『ソーシャル・エンタープライズ　社会貢献をビジネスにする』（丸善株式会社）も多くの事例を紹介している。

つまり、「生活公共と日本版ソーシャル・ガバナンス戦略」と呼びたい。

最初の3つの戦略は、市民、住民、生活者―消費者がその担い手となっており、仕事を持ち働く人々の組織、つまり労働組合が含まれていない。こうした仕事をもつ生活者・市民の組織として労働組合を新しく定義し、その社会的資源を活用する議論は、これまでほとんどされてこなかった。したがってここでは、日本でも全国的な組織として存在する、連合加盟の産別労働組合の地域活動に注目して、その意義と限界、さらに「生活公共」にむけたイノベーションの可能性を議論したい。「コミュニティと地域再生戦略」では、町内会や自治会などの伝統的な地縁組織のイノベーションが欠かせないように、この「ソーシャル・ガバナンス戦略」においても、20世紀型社会運動の担い手であった労働組合のイノベーションも不可欠なのである。

「生活公共」と「ソーシャル・ガバナンス」は本書のキーワードとなるので、ここで簡単に説明しておきたい。

「生活公共」とは筆者の造語である。「生活の場での経済活動」を分析する生活経済があり、市民・生活者参加型の自治基本条例制定などが、「生活者政治」とよばれるとすれば、「生活に埋め込まれた公共」を「生活公共」とここではまず定義する[4]。

またガバナンスとは、日本語にあえて訳するなら、協治とか共治ということになる[5]。ガバメントは「政府」や「統治」など法制化

---

4) 「生活公共」とは、ヨーロッパ近代の「ソーシャル（社会的）」のもつニュアンスに近い。しかし日本では、「ソーシャル」を担う運動も組織も弱く、翻訳語か学術用語に留まっていた。もちろん「社会問題」や「社会政策」は日本でも長い歴史を持ち、一方では労働力政策として官僚の学となり、他方では都市や農村の貧困対策として政策的にも成果をあげてきた。しかし後者の場合、その内容はおそらく「生活問題」や「生活保護政策」といった方が適切であると思われる。農村社会から都市化・工業化への急激な移行の中で、「社会的なもの」は日本ではいつも多様で非同時代的な問題を含むものとして、つまり「生活諸問題」として把握されたからである。

5) 企業統治（コーポレート・ガバナンス）やイギリスなどの地域の行政と市民の協働（ローカル・ガバナンス）はよく用いられる例である。政治概念としては、2000年小渕内閣の「21世紀日本の構想」懇談会（河合隼雄座長）の報告で、ガバナンスがキーワードとされ、協治と訳された。住民参加型の地方自治の議論では、共治という訳もある。

された、強制的な側面を持つ。それに対して、ガバナンスはその社会や団体のメンバーが主体的に取り組む、制度化への過程をふくんだ「合意や協働の契機を重視する統治のあり方」に他ならない。

それでは「ソーシャル・ガバナンス」とは何か。ここでは行政との自発的な協定や協働のもと、公共財や社会が持つ資源（物的、人的、制度的、文化的資源）を活用して、自らが生み出す問題や課題を解決するあり方、と当面は規定しておきたい[6]。

2000年4月に地方分権一括法が実施されて以後、住民参加型の地域福祉計画、包括介護プラン、まちづくり基本条例など、行政と市民とのさまざまな協働型事業が推進されてきた。これらが「ソーシャル・ガバナンス」の日本における具体例としてしばしば紹介される。しかしいくつかの「行政と住民の協働事業」も、自治体が権限を持っていなければその領域は限定され、真に市民のニーズに合う事業はできない。また政府からの助成金に依存していては、期限付きのモデルプロジェクトに終わってしまう。何よりも、「行政と市民の協働事業」では、圧倒的に行政主導の事業となっている。

つまり「生活公共」や「ソーシャル・ガバナンス」の前提となるのは、市民自治に立つデモクラシーの新しい展開である。その過程で、「生活のイノベーション」をとおして「社会のエンパワーメント」が行われる。この全体を「生活公共の創造」と名付ける。

第4の「生活の公共と日本版ソーシャル・ガバナンス戦略」、つまり「生活公共」の創造論は、以下の4つの論点やキーワードからなる。

（1）まずデモクラシーの再構成が前提となる。それは制度論ではなく、生活者・市民の具体的な行動から出発しなければならない。20世紀には、経済（生産、仕事、労働、企業）と政治（選挙、

6）神野直彦・澤井安勇編著『ソーシャル・ガバナンス ―新しい分権・市民社会の構図』（東洋経済新報社、2004）では、「市民・市民社会組織と行政の自発的で協働的な公共社会のありかた」と規定される。この意味では、「生活公共」も英語での「ソーシャル・ガバナンス」に機能的に近いといえる。

政府、国家）が社会の中心にあり、家族、生活、地域は私的領域として隅に追いやられていた。しかし21世紀には、エコノミック（労働者・生活者としての経済活動）やポリティカル（政治・行政制度のもとでの有権者としての活動）とは区別される、シビック（自立した自由な個人として公共活動に参加）やソーシャル（社会的組織の一員として、共に助け合い協働する）が大きな役割を演じるようになる。

（2）『危険社会』（1986）を著したドイツの社会学者、ウールッヒ・ベックの「第2の近代化」と「新しい社会的リスク」に依拠しつつ、「新しい生活問題」として現在の日本社会が抱える問題を把握する。超高齢社会と介護・医療制度の再構築、撤収する限界地域と縮小する社会、ライフスタイルの個人化と結婚・出産・家族観などの変容、共働き世帯と子育て支援、高学歴化と若者の非正規雇用の増加、大量生産・石油・原子力の限界とエネルギー政策の転換、などがその例である。

（3）こうした「新しい生活問題」に立ち向かうため、生活と公共の接点を考察する。その際、「生活の公共」、つまり「生活の公共化」と「公共の生活化」が鍵となるが、その媒介となるのは「生活のイノベーション」と「生活に埋め込まれた公共」である。EUがさまざまな問題を抱えながらも、経済・金融統合と並んで社会的ヨーロッパという基本価値を共通目標としている意義は大きい。日本も「失われた20年」の克服は、経済的再生と並んで、「生活公共」という新しいデモクラシーの視座が必要となる。

（4）地域における生活公共の担い手として、自治会などの地縁組織、NPOなどの市民団体、社会福祉協議会や民生委員も含む自治体行政と並んで、とりわけ本書では労働組合と協同組合に注目する。これらの組織は、職場活動（労働組合）あるいは事業活動（生活協働組合・共済）が中心となる組織であるが、これまでも、社会的役割、地域活動などもそれぞれの組織に不可欠な課題として提起してきた。「生活公共」の視点からは、労働組合・生協・共済が持

つこうしたシビックとソーシャルな活動を活性化させることが目標となる。この提起を、「市民的・社会的」労働組合への展開として、以下にその社会的基盤と課題について議論する。

2　分断化されコミュニティ化する日本社会

　「社会のエンパワーメント」という議論や運動の背景として、1980年代後半からの新自由主義的の陣営からの市場への規制撤廃論、小さな政府論、あるいは福祉国家の危機があったことは冒頭で述べた。この文脈の中で、「福祉国家から福祉社会へ」や、「多元的福祉（ニーズに合った福祉供給と多様な担い手」が提起され、ソーシャル・ガバナンスという概念が登場する。しかし大事なことは、北欧諸国のソーシャル・ガバナンスの場合も、福祉国家による基盤的な公共サービスは確保された上での、ニーズに合った質的な改革が本質である。

　デンマークにしろ、スウェーデンにしろ、政府と公共サービスの領域と課題は明白であり、ソーシャル・ガバナンスの考えは、その前提のもとでのボランタリーな組織や協同組合組織、民間参入を活用することにある。そこではサービスは質的に改善されたのであり、民営化それ自体が目的ではない。公的医療保険と公的年金制度以外には生活保障制度が弱い日本では、安易にソーシャル・ガバナンスを語ることは許されない。

　またドイツやフランスなどのヨーロッパ大陸諸国は、政府でも市場でもない社会という概念に関して、長い歴史と運動を持っている国である。ドイツの社会的法治国家（福祉国家のドイツ語的表現）や社会的市場経済は、それぞれの理念や法に相応した制度を作り上げてきた。ドイツの労使共同決定法や労使協定の一般拘束条項などはその例であり、社会的な公正の基盤となっている。フランスは、公民がつくる共和国という実質的平等もふくんだ政治概念を発展させてきた国であり、市場や資本の論理とは区別される社会的連帯

（自由・平等・同胞愛）がもう一つの論理をつくる。ここから社会経済（サードセクター）や連帯経済[7]が導き出される。

同じことは、アングロサクソン諸国のローカル・ガバナンスにも当てはまる。ここでも集権国家の行政の力よりも、市民自治、つまりみずから作り上げる自治体政府の伝統があり、そのもとでの行政と市民の新しいパートナーシップの試みが課題となっているのである。市民自治も自治体政府も確立していない日本では事情が異なる。ローカル・ガバナンスとは、長野県のいくつかの自治体に見られるように、行政側に有能な人材がいる場合は、地域の多様な住民組織やNPOを地区や課題ごとに組織化し、動員していく構図となる。

そしてもう一つのコミュニティに関しても、事情は似ている。アメリカのコミュニタリアン（共同体主義者）の議論では、親密圏や特定のコミュニティの生活のなかでも、そうしたグループの枠組みを越えた公共道徳という、普遍的な価値観が重要な場所を占めている。日本のコミュニティ論の決定的な欠陥は、こうした仲間うちのコミュニティを越える原理としての共同性に関して、総じてその問題意識は弱いことにある。コミュニティ論だけではない。本来、自己矛盾である、「ムラ社会化するソーシャル」という現実が日本にはある。

そこでこの節の小見出しに掲げた「分断化されコミュニティ化する日本社会」という課題に行きあたる。その説明のために、「ペストフの福祉トライアングル」として90年代から知られる、第3セクター論（社会経済論、ボランタリー・セクター論、NPO論など）の図を示す。これは非営利活動や官民協働に関連するほとんどのテキストに載せられているもので、一見、非常にわかりやすい。しかしよく考えると、わかりやすいのは「ノン・プロフィット／プロ・プ

---

7) A. エバース、J. ラヴィル『欧州サードセクター 理論、歴史、政策』（日本経済評論社 2007）、A. リピエッツ『サードセクター「新しい公共」と「新しい経済」』藤原書店 2011）参照

ロフィット」、つまり非営利か営利目的かという境界線だけである。NPOが日本で短期間に市民権を得たのも、この線引きが分かりやすいからである。

　しかしパブリックかプライベートか、という線引きは即座に問題を生み出す。公共と民間（企業）、あるいは公共と私的親密圏（コミュニティ、家族、近隣）では、プライベートの意味内容が異なる。公共とは、すべての人に開かれた空間であり、私的とは、その組織に所属する人（家族の成員、企業の社員など）にしか許されない領域であるから、この使用法そのものは正しい。だが上下関係で公か私かを考える日本の伝統では（転勤の辞令など企業の都合も社員にとっては公となる）、この線引きは多くの曖昧さを残す。

　また日本では、とりわけ自治体行政・コミュニティ・家族の関係をめぐり、コミュニティは公と私の間にあり、共という役割が与えられる（公助・共助・自助）。しかし「ペストフの三角形」では、フォーマルかインフォーマルか（公式か非公式か）という線引きがなされる。つまり家族・友人・親戚・近隣社会などの顔の見える私的親密圏か、政府や企業などのフォーマルな世界かという線引きである。この線引きは日本では曖昧となる。

　問題は二つある。第一に、フォーマルとは、法と権力あるいは商品と貨幣という現代のシステム世界を構成する国家・市場の圏と、親密さ、相互理解、共感、共通の価値観、伝統と習慣など、相互の承認のもとにある世界との区別である。しかし日本は、共同体としてのムラ社会の伝統や、祖先からの継続性を守る生活経営体としての「イエ」の原理により、「内部と外部」で線引きがなされ、フォーマル/インフォーマルの区別は状況により異なってくる。第二に、非営利事業や活動の位置づけも、さらにはNPOなどの市民非営利活動や生協などの社会的企業においても、「ソーシャル」の方向ではなく、むしろコミュニティ化という逆のベクトルが働くように思われる。その人の活動ではなく、組織への所属によって自らを規定しようとするからである。そこでは、イエやムラの組織的伝統に従

図表1　ペストフの福祉トライアングル

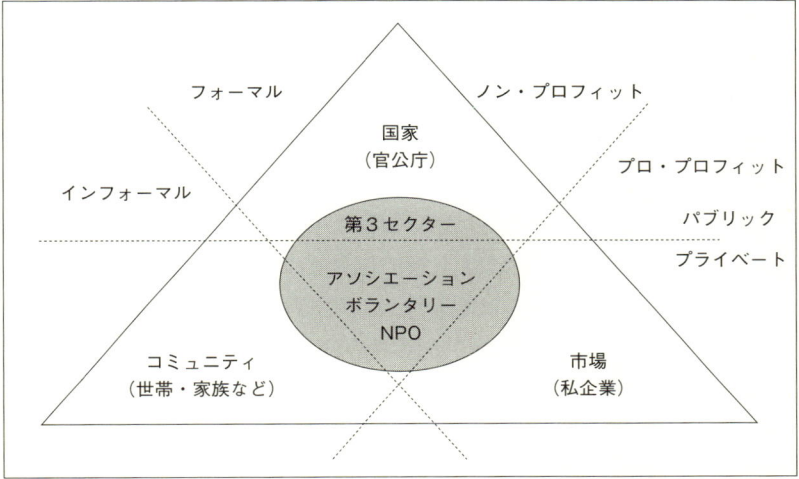

出典：ビクター・ペストフ、『福祉社会と市民民主主義 ―協同組合と社会的企業の役割』日本経済新聞社、2000年、48頁　（原著　1993）

い、グループ内での人間の結び付き、親密な人間のネットワーク、日常的に自分たちの慣れ親しんだ世界、内と外という区分法、現場主義的な個別課題での実践と解決法などにより、社会の領域からコミュニティに回帰する現象がみられるのである。

　もちろん一方では、「無縁社会」に放り出される単独世帯の高齢者や雇止めにあった若者がいる。しかし他方では、過剰に密度が濃いコミュニティが存在している。この中では、行政ムラ（役所、官庁）、職域ムラ（会社、労組、生協、共済）、市民ムラ（NPO系、市民活動系）、地縁ムラ（自治会、社会福祉協議会など）などへの変容が見られるのである。

　要するにペストフの福祉トライアングルは、国家・市場・コミュニティのそれぞれに関係し制御する、「ソーシャル」という独自のガバナンス領域が存在することを示すためのものであった。しかし日本では、NPOや協同組合、共済、地縁組織などが、それぞれが他の組織とは異なることを確認する説明図となる。つまりムラ社会の

配置図として理解される。その根本的な原因は、開かれた組織原則をもち、公正、連帯、共生などのユニバーサルに妥当する価値に立脚する「ソーシャル」が、そのままでは日本に存在していないからである。

3　生活のイノベーションとデモクラシー

「ソーシャル」が日本では不断に閉鎖的コミュニティに変容するとすれば、私たちはどこに立脚すればいいのだろうか。所属を示すセクターの構造図ではなく、市民の活動から出発した方が展望があるのではないだろうか。

そこでイギリスの労働党政権下の市民参加型の地方分権を扱った書物から、図表2の4つの類型論を参考に論じたい。

このイギリスの議論は、デモクラシー論として行われることに注目したい。その場合、political 政治的民主主義と economic 経済的民主主義は、それぞれ代議制民主主義、消費者民主主義として制度的に確立している。その限りでこの二つは、家族・世帯・コミュニティの圏と、国家・市場の圏を媒介する行為となっている。つまり、政府・行政に対しては politic という関係、市場に対しては economic という関係を持っている。教科書風にみても、世帯・個人と政府や市場との関係は、このような政治と経済において把握される。

しかしフォーマル／インフォーマルに関してはどうだろうか。私は civic と social という活動こそが、コミュニティを社会に媒介する鍵であると考える。生活という包括的な領域が、シビックという地域社会のエンパワーメントによって、またソーシャルという地域社会のパートナーシップによって、生活は社会という具体的な第3項を形成することができるのではないだろうか。

ここで経済的民主主義について、すこし説明する必要がある。20世紀半ばまで、つまり労働運動がまだ資本主義への対抗運動として

図表2　social, civil, economic, politic と「生活公共」の関連

	ニューレイバー下の近隣地域（地域社会）を志向する活動類型				日本型
	市民的civic	経済的economic	政治的political	社会的social	生活公共的
理論的根拠	市民の直接参加やコミュニティを関与させる	地域のサービス供給の効率と成果の増大に焦点：税収・支出の交渉	制度形成へのアクセス、説明責任、責任性をめぐる改革	サービス供給における、包括的な、市民中心のアプローチ：市民に関係するサービスの制度設計	生活の公共化と公共の生活化、CivicとSocialを結びつけ、ソーシャル・ガバナンスの空間創出
民主主義の形態	参加民主主義	市場民主主義	代議制民主主義	当事者民主主義	生活民主主義
制度デザイン	地域社会のエンパワーメント	地域社会のマネジメント	地域社会のガバナンス	地域社会のパートナーシップ	生活と地域社会のイノベーション
市民の役割	市民：発言、協働	消費者：選択	有権者：投票	パートナー：誠実さ、問題解決	新ワーク・ライフ・バランスによる多重的活動

C.Durose, S.Greasley, L.Richardson（ed.）, Changing local governance, changing citizens, Polity Press 2009、p.34

　ダイナミズムを持っていた時代には、経済的民主主義とはなによりも、資本に対する労働者のデモクラシーを意味していた。労働法に制度化された労働者（被用者）の資本（使用者）への団結権、交渉権、スト権、さらには労働時間規制から労使共同決定まで、たんなる労働者保護のみではなく、資本側と対等なという意味でのデモクラシーとして位置付けられた。政治面での社会民主主義政党、経済面でのナショナルなレベルで組織された産別労働組合、この二つの分業と協働が、20世紀労働運動の軸をなしていた。しかし20世紀後半から現在まで、経済的民主主義は、労働者という生産者側から、だんだんと消費者のデモクラシーへと変化していった。

　市場モデルの売り手と買い手の対等な関係は、現実には、企業体制のもとでは情報に関して非対称な関係となり、自律して決定できる消費者主権からはほど遠い状態に置かれている。そのため消費者

保護のさまざまな法律が制定され、消費者団体や運動も発展し、消費者主権、つまり消費者の実質的な選択権がどのように担保されるかがテーマとなった。この意味では、経済的民主主義が市場民主主義と理解され、市民がここでは消費者として登場することは自然の流れでもある。

つまり、労働組合は経済民主主義の単独の担い手ではなくなった。そうであれば労働組合も、シビックやソーシャルの新しい領域とテーマを発展させなければ、自らの存在意義を示せなくなる。

イギリスの地域活性化の例では、ソーシャルとは、行政と市民が協働で行う事業や社会サービスを想定している。ここでは市民は消費者として対応するのではなく、地域の社会サービスの制度設計に参加し、場合により事業をともに担うパートナーとして登場する。民主主義の形態としては、ステークホルダー型、つまり当事者民主主義となる。ここでのソーシャルの理解は、社会的経済や社会的企業の役割と似ている。つまり利益追及を目的としない、また市場でサービスを購入できる人だけではなく、広範な人々が利用可能な地域社会へのサービス供給事業を想定している[8]。

それでは日本の場合はどうだろうか。economic と political に関しては、市民参加型のデモクラシーの力や制度は、弱いとはいえ一応は存在している。市民モニターや地域協議会の設置など市民参画を進める自治基本条例の制定、さらには、行政サービスに対して公正で効率的なマネジメントをもとめるニュー・パブリック・マネジメント（NPM）導入など、いくつかの改革も進行中である。その中には、一部であれ、civic の参加民主主義の要素、social な当事者民主主義の要素もふくまれている。後者はとりわけ社会福祉協議会やNPO法人などをふくめた「地域福祉計画」の策定や「地域包括ケア」のモデル事業を行うためには、不可欠な要素となる。

---

8) 労働組合でいえば、加盟企業の労使交渉に限定したビジネス・ユニオンと、より階級的な広がりをもったソーシャル・ユニオンという区分がある。ここでのソーシャルは、社会サービスという場合と同じで、伝統的な用法とはすこし異なる。

いま、生活公共の視点から、civicとsocialを結び付け、ソーシャル・ガバナンスの空間を創出しようとする活動はどのように位置づけできるだろうか。これを「生活民主主義」と規定すると、その核心となるのは、行政と市民が協働する社会サービス事業の推進だけではなく、行政と市民の協働をとおした地域社会そのものをエンパワーメントしていくことにある。

　そのカギとなるのは、「ワーク・ライフ・バランス」を、個人のライフコースの視点でのみ考えるのではなく、社会的文脈を踏まえた視点を設定することである。いいかえれば、「ワーク・ライフ・バランス」でいう「ワークとは何か」、あるいは「ライフとは何か」。いまこれが問われる時代になってきている。つまり「地域社会のエンパワーメント」と「生活のイノベーション」は、表裏一体となっているのである。

　このテーマの出発点は、「家族生活とワークの調和」、あるいは「家族生活とワークの両立」という議論であった。それは夫婦間のジェンダーによる伝統的な家事・育児時間と労働時間の配分や、それを変えるための交渉、および支援する社会的な制度づくりが課題とされていた。しかしその後、女性の高学歴化が進み、子どものいない世帯もふくめ「二人働き手家族」が一般化するにおよび、「私のライフと私の仕事の調和」という、個人の生活設計とキャリアプランまで拡大され、それは短期および生涯にわたる個人の時間使用の合理的あるいは計画的配分の問題となった。

　しかし問題を「私たちのワーク・ライフ・バランス」という視点で考察してみればどうか。「私たちのワーク」や「私たちのライフ」とは、ワークやライフを社会的な広がりで理解することを意味する。すると「私たちのワーク」とは、自分のペイドワークや家事などのアンペイドワークだけではなく、地域や学校のための活動や、近隣の人々との意見交換なども入ってくる。さらには「私たちのライフ」は、もはや他者と切断されたプライベートなライフではなく、プライベートな生活自体が、「私のライフ」と「私たちのライ

フ」の複合されたものであることが分かる。
　これは一見、とてつもない発想のように見えるが、自覚されないだけであって、地域で活動している人々の多くは、すでにこうしたワーク・ライフ・バランスを実践している。さまざまなアンケートによっても、NPOや自治会、民生委員や消防団などの地域組織、PTAや社会活動をしている人々は、自分の仕事、家族内の仕事、社会的な仕事など、数多くのことを同時にこなしている。また北欧の調査でも、労働組合の組合員や生協の加入者は、ほかのグループよりも多くの社会活動に参加している。地域において、civic や social な活動を担うとは、「会社人間」と「私生活」という2極分解のワーク・ライフ関係に生きることではなく、多面的で多様なワーク・ライフ・バランスを実行していることを意味する。そしてこうした人々は、決して例外的な存在ではない。もし、日本社会に深く根在している、「主たる組織（たとえば企業や職業団体）への過剰な帰属意識や忠誠心」を拭い去れば、少なからずの人々が、複数の civic で social な地域活動に参画しているのである。

4　第2の近代化と新しい生活問題

　1980年代までの日本は、エズラ・ヴォーゲルの『Japan as No.1』（1979）が示すように、2度の石油ショックを乗り切った勝者であった。アジアの中では、先頭を切っての農業社会から工業社会への発展、農村から都市への人口移動、こうした工業化・都市化に伴う貧困問題や都市生活問題などの社会問題への対応、これらを「第1の近代化」とすると、日本はその模範生であった。いま日本が直面しているのは、こうした第1の近代化が生み出したもの、つまりその帰結に対して対応が迫られているのである。そしてここでは日本システムは、むしろその脆弱さを示している。
　何が重要な視点なのか。第1の近代化がつくりだした世界の帰結である。それは伝統的な地域コミュニティを解体し、家族生活を営

む人間が個人化され、原発など人間が制御できない巨大技術が支配的になり（リスクのグローバル化）、国家をまたぐコスモポリタンな世界（グローバル経済）が出現し、社会が国民国家として編成された時代が終わりつつあることである。要するに社会学者たちが、「新しい社会的リスク」という包括的な言葉で議論するテーマである[9]。

このベックの第2の近代と「新しい社会的リスク」論は、日本の工業化がうみだした「生活問題」との対比で、「新しい生活問題」として再構成するとわかりやすい。もちろん、日本ではその具体的問題は異なって現れる。

第1に、マクロ的にみて最大の課題は、世界第一となった高齢社会であり、減少する人口という近代日本では初めての体験である。総務省の国勢調査によれば、平成2年（1990年）には、「夫婦のみ世帯」は約629万世帯であるが、平成22年（2010年）には、1024万世帯となり、このうち65歳以上がいる世帯は約552万世帯となっている。また単独世帯は、約939万世帯から、1678万世帯と大きく増加し、そのうち65歳以上の単独世帯は約479万世帯となっている。

この高齢化とこれまで緩やかに進行していた中間山地の過疎が結びつき、65歳以上の高齢者が住民の半分をこえる限界集落が各地で出現した。同時に少子化により多くの小中学校は統合され、子どもの声が聞こえない地域が増えてきた。かつては「福祉の含み資産」といわれた家族の扶養能力は限界に達している。こうした問題は農村に限定されず、高度経済成長期に都市郊外に造成された大規模団地も高齢化が進み、都市型限界集落を構成しつつあった。しかも農村のような地縁的な結びつきを持たない都市では、高齢者単身世帯

---

[9] 第1の近代化が生み出した正と負の帰結に対して、第2の近代化（「再帰的近代化」）の必要性を提唱するドイツの社会学者、ウルリッヒ・ベック『危険社会 新しい近代への道』（法政大学出版会 1998）は、この日本の現在のテーマに対して有力な視点を提供する。彼がこの本を出版したのは、あのチェルノブイルノ原発事故の年、1986年であった。また東日本大震災の後にも彼は来日し、日本の社会学者たちと各地で討議した。その内容は、『リスク化する日本社会 ウルリッヒ・ベックとの対話』（岩波書店 2011）に収録されている。

は「孤立死」というリスクに直面することになった。数少ない民生委員の巡回訪問や、介護士の訪問介護も限界となっている。

　第2に、地域間のバランスのとれた発展は、一転して、海外への工場の移転による地域産業の空洞化や東京への一極集中へと転化した。これも経済・金融のグローバル化の結果でもあるが、同時に産業社会が情報社会へと変動するなかで、新しい知識や教育を受けた若い世代が集まるひらかれた地域と、伝統的な衰退する地域に二極分解してゆく。この二極分解、格差の拡大は、地域間に限定されず、世代間でも、若者の間でも進行している。

　第3に、食のグローバル化が進行し、工業製品のモジュール化がそうであるように、日常の食品や食材も世界中から集められたものになる。食の安全にこだわる生活協同組合においても、しばしば原産地が分からず危険な食品を販売するケースがあるように、とりわけ子供を持つ親たちは、食のリスクに対して敏感になっている。福島原発事故の後は、食品の放射能汚染という質的に新しいリスクも加わり、これまでのような有機農業であればいいというわけにはいかなくなった。ここではリスクをどのように回避するかというより、リスクとどのように共に生きていくか、という生活スタイルをめぐる課題が提起されている。

　第4に、原発事故以前から、地球温暖化問題と化石燃料からの転換という、再生エネルギーの問題が、グローバルな課題であると同時に、一人ひとりの生活スタイルの変革という形で提起されていた。福島原発事故の後では、もっとシビアなエネルギー政策の転換という地球的規模での問題が、新しい生活問題として登場してきている。節電や省エネルギー、日々の生活におけるエネルギの大量消費型社会からの転換が、大きな役割を演じるからである。この点で、大規模生産、大量消費という工業化時代の負の遺産が日本では根強く残っている。「環境にやさしい生活への転換」は、まだ掛け声におわり、EU諸国と比べると価値観や生活レベルでの転換は進んでいない。

「新しい生活問題」は、ネガティブな社会発展によってのみ生じてきたのではない。逆に、それ自体では望ましい発展の結果、関連する領域での改革が停滞している場合や、政策的な支援に欠ける場合には、新たな不安や社会的な排除を生み出すからである。

第1に挙げるべきは、教育問題である。過去20年間、高等教育への進学者は飛躍的に増大した。文科省の「学校基本調査」によると、男性の大学・短大への進学率は、1985年の40.6％から2010年の57.8％へ、女性は、34.5％から56.1％に増加した。高卒者の就職率は15％前後であるので、高卒後の専門学校への進学もふくめると80％近くになると思われる。こうした急激な高学歴化は、一方では多くの就活浪人や高学歴失業者を生み、他方では、これまでとりわけ地域の中堅層を形成してきた高卒生に対して、適切な職を見つけることが困難になってきている。グローバル化で製造業の多くは海外に移転し、増大しつつある第3次産業も、生産性の低いサービス業が多く、青年層のワーキングプアや非正規雇用の増加という問題を生み出している。こうした知識社会の実現に対し、教育の社会への埋め込み（生涯教育の制度化）はまだほとんど手についていない。

第2に挙げられるのは、女性の職業的進出である。これは女性の高学歴化に関連することであるが、1986年、男女雇用機会均等法の導入以後も、女性のキャリアに対応する職の提供はまだ日本では極めて不十分である。ジェンダー主流化は問題提起に留まっている。さらに結婚―出産というライフステージにおいて、女性の就業継続を可能とする制度がまだ整備されえていない。結果として女性の晩婚化・非婚化、少子化、そして保育所の待機児童がいつまでも解消されないという、悪循環に陥っている。

第3に、個人化・個別化や人生を自ら企画しようとする、「私の生活スタイル」に関する繊細な自覚がされるようになってきたことがある。近代化・都市化が成熟し、個人生活まで根を降ろしてきた結果といえる。とはいえこれらは消費生活における個性の重視や、私のライフスタイルへの関心という新しい展開も、マーケティング

戦略の対象であっても、主体的に生活を紡いでゆく「生活革命」には至っていない。この違いに注目することは、本書の全体の構成にとって重要である。

　しかし第4に、ライフスタイルの変化は、多様な可能性を秘めている。この中で「生活の質」への関心が高まり、地縁組織とは別の、ポスト伝統的な「コミュニティー」づくりがテーマとされるようになった。ここから、食の安全についてのこだわり、生活の中での環境問題の自覚と対応、広く地球的規模でのエコロジー問題に関心が高まった。すでに70年代から、生協は「食の安全」や「産直販売」、さらにはゴミ処理や生活排水問題など、生活を取り巻く環境問題に対して、啓蒙的な活動をしていた。90年代に入り、地球環境問題やエコロジー問題として、消費者組織をこえ、スローライフなど新しいライフスタイルの提起を行った。またシルバー生協など、高齢者介護に向けても事業の領域を生活全般に広げていった。

　また第5に、市民参画型のまちづくりや、NPOなどの新しい活動形態、市民的公共性や新しい公共概念など、さまざまな新しい価値観や活動形態が提起されるようになった。ここでも「生活問題」はこれまでとは決定的に異なる様相を示すようになった。おそらくデザインや美的趣味が、地域生活やまちづくりに大きな比重を占めるような時代になる。これは江戸への復帰趣味や昭和へのノスタルジーなどといわれるが、成熟社会では、明らかに生活と文化や歴史が融合する。したがって生活水準や生活の質が、福祉水準によるだけではなく、文化や自然環境水準によっても評価される、「新しい生活問題」として浮上している。

　第6に、とりわけ若者世代には、情報・コミュニケーション革命（ICT）がライフスタイルに決定的な影響を与えたというべきであろう。その核心は、同時代的に常に進化を遂げていることである。インターネット・Eメール・ブログから、スマートフォン・グーグル・ツイッター・フェイスブックなどのソーシャル・ネットワークまで、若者世代自体も5年程度の間隔で区分化される時代となっ

ている。ここではネット接続をとおした社会関係・人間関係という新しい生活問題を引き起こしている。

　このように「新しい生活問題」も、その所在や構造が明らかにされれば、ベックのいう第2の近代への道も見えてくるはずである。例えば、ベックの「個人化」テーゼとは、これまでのコミュニティや国家の制約から解放された個人という側面も持っている。もし日本の「現場主義」の行動パターンが、その都度ごとに自由な発想をして課題を解決する、新しいタイプの脱伝統的な個人を生み出すなら、それは「コミュニティの再建」を超えた、新しいタイプの「ソーシャル・ガバナンス」への道を拓くものとなるかもしれない。

5　生活の公共化と公共の生活化

　生活と公共に関して、日本ではしばしば「私」と「公」の関係として論じられてきた。90年代からの議論の特徴は、この二つの世界を区別することではなく、逆に二つを媒介するものを求めたことである。「新しい公共」を担うとされる非営利市民活動、NPOなどがその代表例である[10]。

　こうした議論は、「共」という第3項を挿入することにより、これまでの単純な「公」・「私」の二分論よりは一歩、前進している。しかし多くの論者は、「公共」を「公」と「共」に分節化することを強調してきた。「生活公共」の視点から大事なことは、むしろ「共」と「私」の連続性を考察することである。これこそ日本では「生活」と呼ばれる領域である。

　そう考えれば、「生活」と「公共」は、二つの異なる世界ではなく、「共」に媒介される共通性を持っている。その領域こそ、欧米

---

10) 例えば、佐々木毅・金泰昌編『公と私の社会科学』（東大出版会　2001）では、公共性は公・私二元論からではなく、公と私を媒介する原理として考察されている。また山口定『市民社会論　歴史的遺産と新展開』（有斐閣　2004）でも、公概念と公共概念とを明確に区別した上で、これまでの公・私二元論は、共の観念を欠落させたまま公と私を対置させるとして、「新しい公共」概念を構成しようとする。

では「社会」と呼ばれるものである。またこの理解により、日本の「生活」と西欧の「社会」の、決定的な違いもわかる。

　日本の「生活」は「私」と「共」を含むが、西欧の「社会」は個人とは区別されるユニバーサルな「共」の世界である。「生活」はcivicとsocialが、行政による「公」に媒介される場である。しかし西欧の「社会」は、同じ権利をもつcivicな公共性の圏である市民社会と、現実にある格差を連帯の原理により不断に改革しようとするsocialな圏が、それぞれ拮抗して存在している。「生活公共」とは、このcivicとsocialにより生活と公共を結びつけることを意味する。それをここでは「生活の公共化・公共の生活化」と呼ぶ。

5-1　生活の公供化

　裁縫、洗濯、食材の準備など、20世紀前半の家事労働の多くは、20世紀後半には、アパレル産業、クリーニング業、スパーでの中間食の販売など、多くは市場で供給されるようになった。アンペイドワークのペイドワーク化といってもいい。あるいは家事労働の外部化とか市場化といってもいい。これに託児所、保育所など育児も外部施設によって行われ、最近では、高齢者介護も家庭内から施設での介護が多くなってきた。家政学ではこうした全体の過程を家事・育児の社会化ともいってきた。しかしそれらはまだ「生活の公共化」の前提条件にすぎない。

　「生活の公共化」とは、例えば、北欧の福祉国家やドイツの社会的国家のように、個々人の生活保障もふくめてそれが国家の責任であることを憲法上、明確にし、しかも現金給付やサービス給付により、可能な限り広範囲にそれを実現することを意味する。新自由主義が台頭した1980年からは、大きな政府や福祉国家への批判が生まれ、「政府依存からの市民の自立」や「政府支出の削減」などが唱えられた。「生活保障」がすべての人へのユニバーサルなものか、それとも社会福祉の対象となる特定の集団や個人に限定すべきか

は、現在では対立した見解がある。しかし原則として、自立して生活できない人への生活保障が国家の責任であることを否定する考えはなく、またどのような政府であっても、社会保障の支出は傾向として増加してきた。この限りでは、「生活の公共化」とは20世紀後半から21世紀の現在にかけても、自明のことである。

　しかし前にも言ったように、「生活公共」の考えでは、そうした客観的な展開だけでは不十分であり、その中に「生活のイノベーション」の契機があることを重視する。2009年総選挙では、民主党はすべての人への「子供手当て」と「子育ては社会の責任」という考え方を掲げた。あるいは、福祉レジーム論で著名なエスピン・アンデルセンが「脱家族主義」とよぶ、北欧の社会化された育児や高齢者介護の分析がある[11]。つまり育児や介護責任がない家族は、その分、親密圏としての家族関係が回復するという注目すべき事実がある。逆に、家族の介護責任の残る日本では、介護疲れによる虐待・うつ病の発病や家族関係の希薄化など、多くの問題を生み出している。この意味では、「生活の公共化」とは、親密圏としての家族の回復と、すべての人が安全・安心に暮らせる社会、人間を大事にする社会であるといえる。他方で、ワーク・ライフ・バランスが、ごく自然に私たちのワーク・ライフ・バランスと意識される社会、そうした社会は、「生活の公共化」だけではなく、次に述べる「公共の生活化」なしには実現できない。

5-2　公共の生活化

　「公共の生活化」は「生活の公共化」とは本来、表裏一体をなす。「生活の公共化」で述べたように、生活に責任をもつヨーロッパの福祉国家の登場は、そもそも公共の生活化であったともいえる。し

---

11) エスピン-アンデルセン『福祉を語る　―女性・子ども・高齢者』（NTT出版　2008）がもっともわかりやすい入門書である。

かし日本ではそれは自明ではない。阪神・淡路大震災から東日本大震災までの、被災者に対する生活再建支援をめぐる議論がそれを現している。確かに、災害弔慰金の名目で、生計維持者が死亡した場合には最高500万円が給付される。しかしこれは個人保障ではない。また住居や家財など私有財産の損害に対しては、生活の再建に必要な資金の貸付金に留まる。要するに、政府や自治体などの公共機関が、被災者に対して実質的に生活再建が可能となる、税による個人保障を行うという原則を承認していない。

私有財産への保護がもっと強いアメリカでも、災害時には被災者への多様で柔軟な支援や給付のメニューがある。地域を守り、多くの人々の生命と生活を守ることが政府と社会の役割であるという合意があるからである。これはヨーロッパでも同じであり、社会が存続できるためにこそ公共が存在するという認識がある。戦後のグローバルシステムの「社会に埋め込まれた自由主義」をもじっていえば、公共は社会の中に埋め込まれている。日本では公共は社会とは別の空間に存在している。人ではなく「治山治水」という「公共事業」に向う。

欧米の「公共の社会化」と、ここで提唱する「公共の生活化」とは少し異なる。とりわけヨーロッパでは、キリスト教会、経営者団体、労働組合、福祉団体、職業組合など、社会的組織が国家と協働するコーポラティズムの伝統がある。しかし社会的組織は、それがいかに多くの国民を包摂していても、それぞれの組織の利害を代表したものであり、真に普遍的な市民的公共性を代表するものではない。したがって「公共の社会化」とは、現実には大組織や官僚組織が実質的なパワーを持つシステムであるという批判も80年代にはあった。それを踏まえて、現在のソーシャル・ガバナンスが登場した。

したがって、ここで展開する「公共の生活化」とは、生活を離れて宙に浮く公共はありえないという意味で、「生活に埋め込まれた公共」と規定できる。これは公共に対する生活の原理の優位を意味

するのではなく、生活公共とは、civic と social をともに持つ、生活者・市民の活動であることを思い起こす必要がある。具体的には、住宅事業を例にとると、かつては市営住宅や公団住宅が特定の条件を満たす人々に提供されていた。いま、公共の生活化とは、生活のニーズから出発する、したがって当事者も参画する生活公共住宅を設営することを意味する。そうすれば、たとえば若い世代が共に住むシェアハウスも、軽度の認知症の高齢者が共に過ごす、介護付きグループハウスも、そしてもちろん共働き世帯のための保育施設をふくめた住宅など、まさに「生活に埋め込まれた公共」がつくりだす住宅空間と生活のイノヴェーションが結びつく。

5　生活公共と「市民的・社会的」労働組合への道

　第1節では、政府、市場に対する「社会」の活性化戦略として3つのアプローチを挙げた。さらに第4として、労働組合の可能性を新しい提起として掲げた。最後のまとめとして、もう一度最初のテーマに戻りたい。「生活公共」の視点からは、この4つのアプローチはどのように新しく論じることができるだろうか。
　ここで先ず、もう一度、4つのアプローチを確認しておきたい。
（1）NPOの発足・発展と政府の「新しい公共」プロジェクト
（2）自治会や商店街など伝統的地縁組織やNPOなど、地域活性化のため自治基本条例やまちづくり基本条例などを設定し、行政と市民が協働するコミュニティ再生戦略
（3）生協や福祉・医療法人を社会的企業と位置付け、公共・社会サービスの重要なパートナーとする「ソーシャル・ガバナンス戦略　バージョン1」
（4）（3）と連携した労働組合の労働者自主福祉活動の発展、「市民的・社会的」労働組合への展開とおし、ソーシャル・ガバナンスの一翼を担う、「バージョン2」戦略
　（4）の「市民的・社会的」労働組合とは聞きなれないことばで

あるが、例えば、だれでも入れる「地域ユニオン」が各地に結成され、派遣切り、給与の一部が未払いのパートやアルバイトで働く人々の駆け込み寺になっている。これらは実質的には、「NPOとしての労働組合」といってもよい。あるいは、いくつかの地域の労働者福祉協議会は、労働組合と共済組織の人的ネットワークや資金を活用して、労働者自主福祉活動の新しい方向を示そうとしている。本書の「まえがき」を参照されたい。

（1）～（3）は、内閣府、国土交通省、総務省などの政府省庁、それに自治体により現実に推進されているプロジェクトである。さらには（1）～（3）を総合した、厚生労働省の地域福祉計画モデル、あるいは「地域包括ケア」プロジェクトなども存在する。それに対して、（4）のバージョン2とは、私の提案となる。

この（4）の論点がほとんど議論されてこなかったことには理由がある。確かに「地域ユニオン」は全国各地の都市に結成され、個別労働紛争解決の主要な当事者となりつつある[12]。また本書第9章で述べられるように、労働組合のナショナルセンターである連合も地域活動重視の方針をだし、各地の労働者福祉協議会をセンターとした、21世紀型の労働者自主福祉事業を提起している。そうであれば、労働組合も（1）～（3）と並ぶ、ソーシャル・ガバナンスの重要な担い手として位置付けられることの方が自然である。しかしヨーロッパと異なり、日本では労働組合はこうした社会的勢力としては、影が薄い。この日欧のギャップこそ、本書で議論されるべき課題といえる。

2010年、鳩山政権は、「新しい公共」をこれからの国家戦略の一つとして取り上げ、「新しい公共円卓会議」を招集した。その後、寄付金の税額控除の制度や、認定NPO法人の申請に際して仮認定を設けるという実質的な成果をあげ、現在では「新しい公共推進会

12）呉学殊　「合同労組の現状と存在意義」、『日本労働研究雑誌』No.604（2010・11、47-65頁）

議」に引き継がれている。しかしこの「新しい公共」では、NPOなどボランタリーな市民団体の助成・育成が対象であり、労働組合や生協・共済組織は、「旧い公共」として、排除されないまでも二次的に扱われる傾向にあった。

　民主党政権下で「新しい公共」円卓会議が生まれ、自民党政権下で発足した「社会的責任に関する円卓会議」と併存することになった。後者の円卓会議の検討は2007年までさかのぼり、「安全・安心で持続可能な未来のための社会的責任についてのマルチ・ステークフォルダー・フォーラム」という長いもので、端的にいえば、ヨーロッパのさまざまな中間団体や福祉団体、政党が参加する社会的な協働組織、つまり伝統的なコーポラティズムの制度にNPOを追加したものである。もしうまく機能すればという話であるが。

　その構成員は、経営者団体（金融・保険などの事業者をふくむ）、消費者団体（地婦連や日本生協連など）、労働組合（連合）、政府に近いNPO団体代表などであり、伝統的な政府審議会構成メンバーである。このなかで「地域円卓会議」のモデル事業も提起されているが、それは本書の提起にも近い内容である。決定的に異なる主張は、日本ではソーシャル・ガバナンスの理念も協働のための基盤もネットワークも形成されていないので、こうした提起も官僚組織の作文で終わるだろうということである。この点では、厚生労働省の提起する「地域福祉」プラン（本書2章参照）と似ている。

　ところで、（1）と（2）は、欧米ではシビルと呼ばれる地域市民や近隣住民の活動であり、（3）と（4）は、社会・経済団体によるソーシャルと呼ばれる活動である。このシビルとソーシャルが自治体行政と協働して、その人的資源や組織力を相互に連携して活用できればいいのだが、地域市民組織・地縁組織と社会・事業団体では、異なる文化と組織論を持ち、分断されている。さらにそれぞれの内部においても異質感や対立がある。町内会などの伝統的地縁組織とNPOの関係は、行政を媒介としない限りむつかしいし、多くは近隣地域の課題と市全体の課題別グループという形で棲み分け

ている。
　（3）と（4）のグループ間でも、政府や自治体の審議会などでのそれぞれの社会・経済団体の代表として同じテーブルに就くにせよ、実際の協働のケースは稀である。しかし本書10章に描かれるように、労働金庫の設立において、生協と労働組合はともに発起人であった（1952年の東京労金の設立の場合）。現在では、このいきさつを知る人は少なく、生協への労金の融資は微々たるものになっているし、さらに若い世代の労働組合員にいたっては、労金自体が普通の金融機関と考えられている。いま、「社会的企業」という枠組みにおいて、こうした組織や運動をもう一度、包括的にとらえようとする試みが始まっている。
　しかし全体として、（1）〜（4）の組織や活動を見た場合、次の二つの傾向があることが分かる。
　第1に、あらゆる社会的・市民的組織に、事業体化の傾向がみられること、
　第2に、すでに2節で述べたが、それぞれの組織に、「分断化されたコミュニティー化」が見られることである。これは、所轄官庁の違いや設立の根拠となる法律の違い（生協、農協、ワーカーズ・コレクティブなど個別の協同組合法・共済・NPO法、さらには社会福祉法人、医療法人、学校法人、宗教法人など）や事業規制（労金・信用組合などの金融機関）の結果でもあるが、この法制上あるいは所轄官庁による区分に、ここで挙げた組織や団体が安住しているという側面もある。
　他方で、シビックに自覚的な活発なNPOも、活性化された地域協議会も、事業化と並行して新たな生活者運動を模索する生協も数多く存在する。しかも日本の組織は、新興のNPOを別にすると、グローバルな視点で比較しても、大きなマンパワーと資源を持っている。この現状を、データをもとに、それぞれの組織をもう一度検討してみよう。
　第1に、NPOはどうか。1998年12月に施行されてから2012年末ま

でに、46,975のNPO法人（特定非営利活動法人）が認証されている（内閣府NPOホームページ参照）。短期間でのこの急成長は戦後日本の団体設立数でも特筆すべきことで、1945年、敗戦後のブームに続く、第二の「アソシエーション革命」とも呼ばれるくらいダイナミズムを持っている。法人の責任者としての自覚を持ち、継続性と目標を掲げ地域活動を担う人々が、全国、津々浦々に存在し、しかもその数は増加している。

他方で人数的にも資金力でも小規模なNPOが多く、アメリカモデルのNPOの本来の利点、つまり地域のニーズに答えることができる規模を持ち、ボランタリー組織をマネジメントする能力の育成が遅れており、社会的企業としての発展という点では不十分であるといえる。

第2に、町内会・自治会・商店街など、日本独特の地縁組織はどうか。筑波大学の辻中豊教授らのグループは、2006〜2007年に、全国約30万団体ある自治会の約10％、33,438にサンプルを配布し、18,404の自治会から回答を得た。この調査が、自治会などの地縁組織の加入率や活動の最も実証的な報告書である[13]。

自治会・町内会などの「地縁による団体」は、地方自治法により、「その区域に住所を有するすべての個人は、構成員となることができるものとし、その相当数の者が現に構成員となっていること」（第260条2）と規定されている。辻中たちの調査では、村落型、非都市新型（新しい地方都市）、都市旧型（東京など大都市や県庁所在地など）、都市新型（新興・近郊都市）に類型化しているが、その地域の90％以上の世帯が加入している割合は、それぞれ86.5％、80.4％、62.5％、64.3％となっている。活動分野では、祭りやスポーツなどの地域イベント、消防・防災、地域の掃除や美化、生活道路や街頭の管理、高齢者の支援など地域と生活に密着したものが多く、この点では、福祉・医療、社会教育、環境、子育て支援

---

[13] 辻中豊ほか『現代日本の自治会・町内会　第1回全国調査に見る自治力・ネットワーク・ガバナンス』木鐸社　2009年

などを主たる活動領域とするNPOとは異なっている。回収率が55％程度であり、活発な自治会ほど回答するだろうから、自治会の地域世帯加入率の失態はもう少し低いと思われるが、全体としてみるなら、あらゆる地域をカバーしている点で、地域を支える最大の組織となっている。

　問題は、地域内でもばらつきが大きくなってきており、継承されてきた祭りなどのイベントがなければ加入世帯も減少し、もはや維持できない自治会も増えてきている。さらに高齢化が進行し、役員が固定化される傾向がみられる。しかしNPOが自治会などの伝統的地縁組織の活動領域を補おうとすれば、おそらくその密度からいって、現在の10倍から20倍の地域活動型NPOが新規に結成される必要があるだろう。

　第3に、生協や共済など協同組合の組織と役割について。昨年2012年が国連の「国際協同組合年」にあたることから、あらためて協同組合の21世紀の社会的役割・貢献について議論されることが多かった。厚生労働省の『消費生活協同組合実態調査』平成22年度版によると、活動中の組合数は934、そのうち、地域が455、職域が398、連合会が82である。また組合員数は、地域生協が51,701,395人、職域生協が8,010,546、総数では59,711,941人である。

　このうち最大の連合会である日本生協連に加盟している生協と組合員数は、2011年度には590生協、2,661万人で、地域生協の日生協への加入率は35％になる（日生協編『生協の社会的取り組み報告書2012』）。日生協加盟の購買生協の供給高は、2兆9082億円で、小売シェアは2.77％である。また医療・福祉生協は110、約279万人の組合員がおり、医療事業で2,557億円、福祉事業で約547億円の自業高となっている。このほかにも共済・住宅・旅行・葬祭・ワーカーズなどの事業も行っており、まさに広範な生活領域をカバーする社会的企業であるといえる。

　農協、漁協、住宅協同組合、信用協同組合などをふくむ協同組合として考えれば、ICA（国際協同組合同盟）に加盟する協同組合

は、2008年現在、88カ国8億人を超えており、世界最大のNGO（非政府組織）となっている。ICA「第7原則　コミュニティへの関与　：協同組合は、組合員によって承認された政策を通じて、コミュニティの持続可能な発展のために活動する」とうたっている。いま日生協に限定しても、最初から事業活動と並んで「社会的役割発揮への取り組み」が掲げられている。その課題は、地域社会への確かな担い手、消費者問題、食品の安全システムづくり、環境保全、くらしの見直し、食育、子育て支援と両立支援、くらしの助け合い（ボランティア活動）、平和と国際交流などである（日本生協連編『生協ハンドブック』（2009）。

　こうした資源や加入者の多さ、社会的責任への理念などをみると、生協こそソーシャル・ガバナンスの重要な担い手であると考えられても不思議ではない。しかし、連合総研が中央労働者福祉協議会から委託を受けて行った「協同組合の新たな展開に関する研究」プロジェクトでも、その報告書には、「第1節　日本の社会経済・世界の中で協同組合が占める位置」において、「日本の協同組合は、質量ともに世界でも有数の組織であるが、日本の社会経済のなかでは、制度的・組織的分断によって見えにくい存在となっている」と要約されている（「連合総研レポートDIO」No.266、2011.12）。

　筆者自身、2010年5月にパルシステムグループの「2020年ビジョン」策定のための講演会の折りに、「社会的観点からは日本の労働組合も生協も弱い」という話をしたところ、後の質疑の時間に、「組合員や事業高からいっても、日本の生協は世界有数の組織であるが、それが弱いと聞いたのは初めてであり、おそらく事業中心で、自らの持つ資源の社会的な配分への視点が弱いという意味であろうし、その限りで刺激を受けた」という会場からの発言があった[14]。事業活動と社会的役割の両立は、どの国の協同組合にとって

14）この講演会は、質疑応答も含めてPDFファイルでみることができる。http://www.pal.or.jp/vision2020/pdf/palsystem_2020vision_koen_arat.pdf。

も永遠の課題ではあるが、現在の日本では競争の激化や個人化が進行し、近隣と協同する班活動よりは個配が好まれる中で、大きな転機を迎えているといえるだろう。また個別協同組合への分断に関しても、韓国ではいち早く「協働組合基本法」が2012年に制定・公布され、個別法ではなく基本法による協同組合の設立が可能となり、新しい時代を迎えようとしている。日本では10数年まえから提起されているが、まだ実現していない。

　最後に、「バージョン2」と呼んだ労働組合の課題と役割がある。協同組合と同様に、日本の労働組合も、組合員数や資金力からみても強力な組織である。図表3は欧米諸国、日本、韓国の労働組合員数と組織率である。北欧諸国はなおも70～90％の高い組織率なのでここでは触れない。日本は、一見すると、20％前後の組合組織率であるイギリスやドイツに似ている。イギリスは労働組合運動の母国であったが、サッチャー政権の新保守主義が登場してから戦闘的労働組合主義は後退し、当事者自治という伝統的な労使関係の原則から、最低賃金制の導入や「社会的ヨーロッパ」の支持など、法律的―政治的に影響力を行使する方向に転換している。ドイツは早くから強大な産業別労働組合の国であったが、現在ではイギリス同様に組織率は低下し、産別の労使協定の全企業への波及力は弱まっている。具体的には、旧西ドイツ地域では、労使協定のもとにある被用者の割合は、1998年の76％から2010年の63％へと低下している。組合組織率は1995年の36.0％から22.9％に減少したことを考えると、63％という拘束力は、低下したとはいえ、すべての労働者を代表する社会的存在としての役割をまだ果たしているといえる。アメリカは組合組織率は低いが、全米自動車労組UAWなど、企業の枠を超えた強大な労組連合がいくつか存在する。さらにはアメリカは多くの移民労働者や文化的な伝統が異なる労働者文化を残しており、少数派であってもユニークな文化の側面からも労働運動の再生を語ることができる。

　このように、資本や経営側に対抗する社会的な力としての労働組

図表3　労働組合員数・組織率（各国公式統計）

(1,000人、%)

		1995	2000	2005	2010
日本	組合員数	12,614	11,539	10,138	10,054
	組織率	23.8	21.5	18.7	18.5
アメリカ	組合員数	16,360	16,258	15,685	14,715
	組織率	14.9	13.5	12.5	11.9
イギリス	組合員数	7,125	7,120	7,021	6,536
	組織率	32.4	29.8	28.6	26.6
ドイツ	組合員数	11,242	9,740	8,360	*8,201
	組織率	36.0	29	24.4	22.9
フランス	組合員数	1,780	1,781	1,779	*1,807
	組織率	8.8	8.0	7.7	7.6
韓国	組合員数	1,615	1,526	1,506	*1,688
	組織率	13.8	12.0	10.3	10.5

労働政策研究・研修機構『データブック国際労働運動比較2012』
（＊印は、2008年統計）

合は、組織率からいっても、労使協定の波及効果からいっても、工業諸国では減少していることは否定できない。それでもさまざまな形態で、社会的な力として存在意義をなおも示している。しかし日本の労働組合の場合は、組織率は18.5％で図表3の中では中間グループに属すが、労使協定のもとにある被用者の割合は、ある資料によれば組合組織率よりも低い16％と推定されている。つまり労働組合の社会的な役割を十分には果たしていないといえる。その背景には、図表4．雇用形態別雇用者数にみられるように、非正規の職員・従業員の割合は、1985年の16.4％から2012年の34.5％に拡大したことがある。

　あらゆる点で、日本では労働組合を取り巻く環境は非常に厳しいということがいえる。これまでの職域での労使協定をめぐる活動や春闘、最低賃金制や派遣労働の制限など、政治に働きかける政策・制度闘争が、これからも重要なことには変わりがない。フランスの

図表4　雇用形態別雇用者数

(日本全体　1985―2012)　10000人　　　　　　　　　　%

	雇用者全体	役員を除く雇用者	正規の職員・従業員	非正規の職員・従業員	パート	アルバイト	労働者派遣事務所の派遣社員	契約社員・嘱託	その他	非正規の割合
1985.2	4259	3999	3343	655	360	139	-	156		16.4
1995.2	5169	4780	3779	1001	563	262	-	176		20.9
2005年平均	5407	5007	3374	1633	780	340	106	278	129	32.6
2012年4-6	5511	5146	3370	1775	877	347	81	346	124	34.5

資料：厚生労働省　「労働力調査　特別版　1985-2001」　「労働力調査」2005年、2010年、2012年（4-6）から作成

　ように、組織率は7.6％とひと桁台だが、法律による労働時間の制定、最低賃金制、すべての形態の雇用への社会保険の適用など、政治的な力で労働者保護を実現する国も一つの参考にすべき手法となる。

　日本の労働組合の「経済・政治」活動は、労働組合の存在意義でもあるが、同時にその限界も露呈している。「経済・政治」と並んで、シビックとソーシャル、つまり「市民的・社会的労働組合」というもう一つの顔が必要とされているのではないだろうか。この本も、労働組合と同じ根を持つ労金や全労済・生協との協働、シビックとしての地域での活動を重視する連合の方針、さらには中央労福協や地域の労福協力によるソーシャルな活動の組織化など、労働組合が持つこうした可能性を追求することにあった[15]。

　とりわけヨーロッパがソーシャル・ガバナンスを実践できるのは、2章でのフィンランドの例に示されるように、労働組合が社会

---

[15] 社会的労働組合運動については、総評時代から何度も議論されてきた。「国民の春闘」もその一つの表現であった。市民と労働組合に関しては、「企業市民」ということばで、90年代の初頭に議論された。山口定・宝田善・進藤榮一・住沢博紀　編『市民自立の政治戦略』（朝日新聞社　1992）。労働組合とNPOや地域活動に関しては、「まえがき」で触れた、林雄二郎・連合総研（編著）『新しい社会セクターの可能性　NPOと労働組合』（第一書林　1997）、坪郷實・中村圭介（編著）『現代の社会政策　5、新しい公共と市民活動・労働運動』（明石書店　2011）第7章「地域で顔が見える労働組合運動へ」中村圭介、参照

や地域のさまざま団体や行政とともに、社会福祉や職業教育、住宅政策などの領域で、力強い活動をしているからである。これはドイツ型の「社会的市場経済」にも妥当し、労働組合は地域のさまざまな社会経済活動を担う福祉団体や有限会社の担い手となっている。この本でも、労福協や産別によるいくつかの事業例が報告されている。ソーシャル・ガバナンスに向けた萌芽は、日本の労働組合にも確実に存在している。

　第９章では、2001年の連合による「労働を中心とする福祉型社会」の構築をめざした21世紀宣言が解説されている。また同じく、「生活地域に拠点をもつ」地域運動と地域協議会の拡充に言及している。まさに組織率が減少しているがゆえに、職域地域だけではなく、それ以上に生活地域での活動が重視される時代となっている。同時に、非正規雇用の増加が示すように、さまざまな生活のセフティー・ネットを持つ人と、そこから排除された人という、社会の分解も始まっている。菅政権のおり、湯浅誠が内閣府参与として進めた、パーソナル・サービスセンターのモデル事業の意義は、もっと評価されてしかるべきだろう。地方労福協が実行するライフサポートセンターも、さまざまな生活相談の窓口になっている。ここから、「市民的・社会的労働組合」の課題を、次の二つにまとめることができる。

　第一は、地域の社会的資源の活用に関連する。連合や産別などが蓄積してきた、組織的な能力を活用する道である。連合の地域協議会の具体化では、労働問題に関する連合の活動だけではなく、労金や全労済、生協やNPOなどの領域もふくめた、ワンストップサービスに似た地域活動拠点が想定されている。すでに述べたように、４つのアプローチやNPO、コミュニティ組織、生協と共済、労働組合など４つの組織は、それぞれシビックやソーシャルの要素や方向をめざしながらも、単独では必ずしも成功していなかった。これらが地域のプラットフォームとして協働できるシステムを創るなら、それが日本における「ソーシャル・ガバナンス」の原型となる

ことができる。とりわけ労金、共済などとの協力が不可欠である。
　第二は、「生活のイノベーション」に関連する。労働組合活動を、組織としての活動から、組合員それぞれの市民・生活者としての活動へと拡大する道である。ワーク・ライフ・バランスを、自覚的に、「わたしたちの地域の、あるいは私たちの社会のワーク・ライフ・バランス」と、問い直すことから始まる。生活が豊かで、社会に余裕がある国とは、働く者が、職業や会社への帰属意識以外にも、同時に数多くの帰属意識を生み出す活動領域を持ち、それを楽しむ社会である。欧米の労働組合員は、そうでない人よりももっと、シビックにもソーシャルにも活発に活動する人々なのである。
　この二つのことは、まだ「ソーシャル・ガバナンスに向けた実施計画」と呼べるほど具体的なものではなく、近未来へのビジョンや意識改革（まさに生活のイノベーションに向けた発想転換や価値観の変化）に属することがらである。しかしそれはすでにさまざまな資源、まさに社会的な共通資本を成熟させてきている。後は垣根を取り払い、一つ一つ課題を解決していく中で、現在の数少ないモデル事業や活動が、やがてはどこの地域でも当たり前の姿になっていくことが望まれる。まさに「失われた20年」の閉塞状況を崩していく道がそこにある。

2章
生活公共と地域福祉

藪長千乃　東洋大学教授

1　ポスト工業社会の福祉

　2011年、生活保護受給者数が206万人を超え、制度開始当初である戦後直後期の水準を上回った。国民年金保険料納付率は6割に満たず（56.5%、2011年）、国民健康保険料滞納世帯は2008年度以降20%を超えている。人工呼吸器をつけ、常時介護が必要なALS（筋萎縮性側索硬化症）患者の公的在宅介護サービスは1日12時間しか利用できない[1]。

　なぜ、いまこのような状況に陥っているのであろうか。二十世紀後半を通じた社会保障制度の発展とともに、ときには手の届く距離で支えあってきた個人の生活は、社会全体で支える仕組みへと変わっていった。これは、人の生活を支える仕組みが、目に見えにくく手の届きにくいものとなり、同時に社会の支えから抜け落ちた生活をもまた目に見えにくくした。具体的には次のように説明できる。

　戦後の日本の公的社会福祉制度は、1950年の社会保障審議会「社会保障制度に関する勧告」をベースに形作られてきた。貧困状態に陥った人びとと、障害を持った人びとや子どもなど援護育成が必要な場合には税をベースとした社会扶助で対応し、国民に共通する貧困リスクである加齢や疾病等に対しては社会保険で対応する枠組みが

---

1) 1日12時間の介護サービス提供を決定した和歌山市に対し、裁判の結果、2012年4月25日に和歌山地裁は1日あたり21時間以上に延長する判決を下した。

できあがった。その後、主に1970年代にかけて形成された制度の具体的な枠組みは、同時に進行した工業化、雇用労働化、核家族化と、日本型雇用慣行、男性稼ぎ主型の労働分担を前提としたものであった。年金制度は20歳から60歳まで雇用労働を続ける男性とその専業主婦の妻をモデル世帯として、健康保険制度は雇用労働に従事する世帯主とその扶養家族を主たる対象者として制度設計されてきた。一方、1日の標準開所時間を4時間とする幼稚園と8時間を原則とする保育所の分断や、制度上は行政機関が一方的に施設入所を決定する措置制度による社会福祉施設への入所制度[2]など、モデル世帯から逸脱し、社会扶助を必要とする個人や家族への福祉供給は残余的なものにとどまってきた。

しかし、2010年時点で、非正規雇用者は雇用者全体の35.2％を占め、男性雇用者の約2割、女性雇用者の約5割に達した。50歳まで一度も結婚を経験したことのない生涯未婚率は、男性でおよそ2割に到達し、高齢者の単身世帯は世帯全体の約1割に到達している[3]。モデル世帯の条件を満たす家族は、今や少数派になってしまったといえよう。

こうした既存の公的社会福祉制度の枠組みでは対応しきれない状況に対して、1990年代の社会福祉基礎構造改革を契機として、入所を希望する保育所を選んで申請することのできる保育所方式（1998年）、介護保険制度（2000年）、障害者支援費制度（2003年）とそれに次ぐ障害者自立支援制度（2006年）など、新しい制度が導入されているが、サービス利用の選択の機会を増やすものであって、必要なサービスを保障するための社会保障制度全体の根本的改革には至っていない。働き方、生き方が変わっていく中で、国民を一定の枠組みにあてはめて保障しようとする20世紀後半の日本型福祉国家の

---

2) 障害者の福祉サービス利用については、2003年の支援費制度導入を機に措置制度から契約制度に移行した。しかし、児童養護施設や婦人保護施設、養護老人ホーム等では、措置制度が継続している。
3) 統計データについては、社会保障人口問題研究所『人口統計資料集』を参照。

限界を乗り越えるために、社会福祉領域の諸政策においては1990年代以降「地域福祉」の主流化が推し進められている。本章では、この「地域福祉」の考え方に着目し、生活公共について考えたい。

2 地域福祉の展開

2-1 社会福祉の供給主体としての国家と地域

　福祉は、「普通の」あるいは「順調な」生活を維持することと、そのための諸活動で、衣食住や家族の世話に代表される生活の必要性を満たしていく活動である。この普通の生活が家族や生活共同体の中で満たされなくなったときに、外部の第三者がうまくいかなくなった生活を支えるためにさまざまな活動をすることが社会福祉といえよう。このうまくいかなくなった生活をささえるための諸活動には、生活がうまくいくように維持するための予防的な活動も含まれる。

　社会福祉は、古くは宗教上の事業として、また、当時の為政者の政治的な行為や、自発的な行為として供給されてきた。しかし、産業革命を大きな契機の一つとして、仕事と生活の場が分離され、工業化・都市化が進展し、労働市場が発達し、貨幣経済が浸透すると、このような社会の変化と並行して、家族の規模は小さくなり、生活共同体が解体されていった。すると、生活を支える家族や共同体が不安定になり、社会福祉が必要とされる場面が格段に広がった。さらに、19世紀以降20世紀を通じて進展した工業化は、都市化と農業人口の減少・雇用労働の拡大をもたらし、社会福祉の必要とされる領域を多様にし、必要性を高くし、社会福祉の一般化、制度化をもたらした。たとえば、労働能力喪失時や失業時の救済は、制度化された福祉の重要な一部分である。国家による福祉の供給は、国家の主要事業の一つになり、その規模、領域を拡大させていった。

国家は、当初、残余的な社会福祉としての貧困対策事業に始まり、さらには制度化された社会福祉の供給主体として、児童保護、高齢者福祉、障害者福祉など狭義の社会福祉をはじめとしたさまざまな福祉事業を実施し、一方では失業保険や疾病保険、老齢年金に代表される、各人の事前の拠出を主な資源とする社会保険制度の運営に取り組むようになった。20世紀後半には、これら社会保険制度や社会福祉制度の運営が政府の財政規模の相当の割合を占めるようになった。社会福祉供給主体としての国家の主流化である。

　一方、社会福祉の供給主体として宗教的団体などによる慈善的行為としての福祉供給もまた、重要な部分である。これらの慈善的行為としての福祉供給は、古くは教会などを中心に貧困者へのパンやスープの提供や、貧困に陥った人が一夜を過ごす場、障害を持った人びとが身を寄せる場として機能した。そして、市場もまた福祉供給の主体として機能している。生活のさまざまな必要性を満たすために、人びとが十分な対価を支払える場合は、市場が福祉を供給する。また、「企業福祉」にみられるように、営利団体がその利益の拡大のために所属員に対して福祉を供給する。これもまた市場原理に基づく活動であり、市場による福祉供給の一つであるといえよう。

　しかし、序章で述べられているように、国家も、市場も、家族やインフォーマルな領域も、福祉供給主体として劣化しつつある。このときに、「地域福祉」の考え方はどのように機能するのであろうか。

2-2　「地域福祉」の展開

　福祉を普通のまたは順調な生活を維持すること、そのための諸活動と考えるのであれば、地域福祉は、ある地域における、地域住民が普通あるいは順調な生活を維持できている状態、または維持するための諸活動を指すと考えることができる。

　「地域福祉」は、1970年代以降使われだした日本独自の概念とい

われている[4]。1949年には京都社会福祉協議会が組織され、51年には中央社会福祉協議会が設立されるが、これは社会福祉事業団体の組織化であって、地域住民の組織化を含んだものではなかった[5]。1971年に中央社会福祉審議会が「コミュニティ形成と社会福祉」を答申として提出すると、同年に岡村重夫がイギリスのコミュニティ・ケアに着想を得た地域福祉の論考についての著作を発表し[6]、これに呼応した全国社会福祉協議会が「地域福祉対策の確立とそのすすめ方」（1973年、全国社会福祉大会）を採択した。さらに1980年代には「全国地域福祉研究会議」や、地域福祉特別委員会（現・地域福祉推進委員会）を設置し、以降、「地域福祉」という言葉は、急速に多用されるようになる。そして、1990年代には社会福祉基礎構造改革の検討の中で地域福祉概念が影響力を持ち、2000年の社会福祉法（旧社会福祉事業法）の全面改正において、法律上初めて「地域福祉」が、法の目的の一つとして明記された。

　とはいえ、岡村重夫の考えた地域福祉と、その後「地域福祉」の名前で進められようとした政策には違いがある。岡村は、自らの対人援助活動経験に基づき、福祉には人びとの主体性が重要であると考えたうえで、地域福祉の主要概念としてコミュニティケアを挙げた。それは、生活上の困難に直面した人びとに対して、個々の生活の個別性に着目した支援が必要であり、政府による一律的な福祉供給がふさわしくないこと、また人間の基本的な要求はベヴァリッジ報告に示された所得、医療、教育、住宅、雇用以外に、社会参加と文化娯楽の要求があり、それを満たす場としてコミュニティがふさわしいと考えたものであった。

　ところが、このコミュニティケア概念は、政府[7]や東京都の答申

[4) 田端光美「地域福祉形成の日英比較」吉田久一編著『社会福祉の日本的特質――その形成と動向を探る』川島書店、1986年、255-280頁。武川正吾「地域福祉の主流化とローカル・ガバナンス」『地域福祉研究』第36号、日本生命済生会、5-15頁。特に武川は、「地域福祉は社会福祉の世界では稀有な国産概念である」と述べている。
5) 田端光美「地域福祉形成の日英比較」吉田久一編著『社会福祉の日本的特質――その形成と動向を探る』川島書店、1986年、255-280頁
6) 『地域福祉研究』（1971年）、『地域福祉論』（1979年）

の中で、「収容施設」と呼ばれていた福祉施設におけるサービス提供からから「地域生活」への移行、在宅サービスへの転換として受け止められ、1980年代以降のノーマライゼーションの考え方の普及と相まって福祉改革の原動力になっていった。

　社会福祉基礎構造改革以降、この「地域福祉」の考え方はもう一度変化する。1995年の社会保障制度審議会勧告において、自立と連帯、「公私」による社会福祉の確保が強調されるようになると、ニューパブリックマネジメントの流れと相まって、公的福祉を補完する場として「地域」が強調されるようになる。2002年に社会保障審議会福祉部会から出された「市町村地域福祉計画及び都道府県地域福祉支援計画策定指針のあり方について　一人ひとりの地域住民への訴え」では、「とかく、これまでの社会福祉は、ややもすると行政から地域住民への給付という形をとってきた。しかしながら、これからは、個人の尊厳を重視し、対等平等の考え方に基づき、地域住民すべてにとっての社会福祉として、かつ、地域住民すべてで支える社会福祉に変わっていかなければならない。……この際、一人ひとりの地域住民に対して、社会福祉を限られた社会的弱者に対するサービスとしてではなく、身近な日々の暮らしの場である地域社会での多様な人々の多様な生活課題に地域全体で取り組む仕組みとしてとらえなおし、地域住民としてこれらの多様な生活課題に目を向け自発的、積極的に取り組んでいただけるよう訴えたい。」と述べられている。しかしながら、そのための具体的取組や財政措置がみられることはほとんどないのが現状である。社会福祉法に明記された地域福祉は、福祉行政サービスを補完するものとしての意味合いを多分に含んでおり、官製の「地域福祉」といえるであろう[8]。

---

7) 中央社会福祉審議会「コミュニティ形成と社会福祉」1971年12月11日
8) こうした「官製の」地域福祉に関する批判は、行政による社会福祉協議会のコントロールの指摘など数多い。井岡は社協における地域福祉事業の展開を「民間やらせ主義」と表現している。（井岡勉「地域福祉における公私関係―社協を中心として」『社会福祉学』第26-2号、1985年

2-3　地域福祉の担い手としての社会福祉協議会

　社会福祉協議会は、「地域の実情に応じた社会福祉の推進を行う民間の自主的組織」（1962年全国社会福祉協議会）として、全国に2,000近くの中央組織、都道府県組織、市町村組織を展開している。

　日本における地域福祉は、武川によれば、1980年代末までは社会福祉協議会が中心となって定着が図られたという。そこで、社会福祉協議会の成立過程をここで確認しておこう。社会福祉協議会は、1909年に発足した中央慈善協会に源流を持つ。日本における社会福祉の公的制度として全国統一的に制定されたものは、「鰥寡孤独廃疾ノ者」を対象に、市町村が米代を支給する1874（明治7）年の恤救規則に始まる。その後1929年に救護法として法定化されるが、その対象はごく限られていた。一方、岡山県や大阪府では、ドイツのエルバーフェルト制度を参考に再生顧問制度（1917年）、方面委員制度（1918年）として、地域の貧困者等に目を配り、支援へつなげる担当者を設置する制度が導入された。方面委員制度は1928年までに各都道府県で導入され、これがのちに民生委員となる。

　恤救規則が救護法として法定化されるまで50年以上かかっていた間に、篤志家や宗教家による慈善事業（救済事業）により、孤児や棄児の保護、不良・犯罪少年の更生が行われるようになった。こうした救済事業は、貧困者の救済や貧困防止、犯罪者の矯正事業へと範囲を広げ発展し、1903（明治36）年には、慈善事業家約200名が集まって全国慈善大会が開催され、1908（明治41年）には中央慈善協会（渋沢栄一会長、1921年社会事業協会へ改称）が発足した。社会事業協会では、機関誌の発行、講習会の開催など人材育成や、共同募金などの事業に取り組んだほか、救護法の実施促進運動を展開するなど実現へ貢献したが、発足当時から官僚主導の「公私一体組織」であり、戦時厚生事業の中で厚生省、大政翼賛会と連動して地方との連携を強めていった。地方社会事業協会は、内務省主導で各

府県、植民地に設立され、知事と内務部長が会長、副会長を務める行政の外郭団体として補完的役割を担い、この体質が戦後も受け継がれていったという[9]。

戦後の日本の公的社会福祉制度は、1950年の社会保障制度審議会勧告も含め、被占領期のGHQ指令に基づいて形成されていったが、GHQは、社会福祉事業における公私の分離、公的社会福祉事業の再編成と、そのための民間の社会福祉事業の組織化、管理化を重点的に進めていった。1949年のGHQの「社会福祉行政に関する6項目」提案では、厚生（福祉）事務を能率的経済的に行うための最も効果的な地区制度の検討及び設定、生活保護や児童福祉事業からの民生委員の除去、さらに、民間の社会福祉活動に関する協議会の設置及び民間の社会福祉事業団体への指導管理体制の確立[10]を求めた。このGHQ6項目提案に基づき、日本社会事業協会、戦災者の保護にあたっていた恩師財団同胞援護会（1946年設立）、全日本民生委員連盟が統合し、1951年に中央社会福祉協議会が設立された。社会福祉協議会の活動内容の中心は、戦後の戦災孤児、引揚者等への援護活動、子ども会など住民の福祉課題を解決する地域の草の根的な活動を展開するとされた。一方、民間の社会事業団体（社会福祉団体）は、1938年の社会事業法の成立を契機として政府の指導監督下に置かれ、さらに戦後の公私分離原則[11]の中で、公的福祉の補完的な役割にとどまるものとされた。こうした状況が、前述の社会福祉基礎構造改革まで実質的な改革なく続いていった。

---

9) 永岡正己「地域福祉の系譜と思想―戦前の歩みを中心として」『地域福祉研究』第15号、日本生命済世会福祉事業部、1987年、1-10頁
10) GHQ・厚生省合同会議議事録「社会福祉行政に関する6項目」C提案 6．厚生省は全国的及び県の社会事業団体及び施設により自発的に行われる社会福祉活動に関する協議会を設置し、これが運営指導を行うため全国的プランを作成するに当って、その参加が必要かつ望ましいと認められる関係の全国的民間社会事業団体を承知しなければならない。…
11) 1946年10月30日付連合国最高司令官総司令部公衆衛生福祉局「政府の私設社会事業団体に対する補助に関する件」2. b.及びc.において、「最も経済的且実行し易き方法で」、「或る地方に於ける」「他の社会事業団体が存在しない場合」以外は「私設社会事業団体の創設又は再興に対して政府、府県又は市町村当局は補助金を交付してはならない」との方針が示された。

3 地域福祉の主な担い手と限界

3-1 地域福祉事業の主な担い手

　とはいえ、このような展開を経て、「地域福祉」は、現在、多様な担い手により膨大な領域にわたって行われている。たとえば、生活上のさまざまな困難に直面した人びとが、地域においてどのような組織や団体から支援・援助をうけられるか考えてみよう。子どもの養育や貧困、障害等にかかわる困難に対しては、制度化された社会福祉の対応が可能になる。このときに登場する組織は、福祉事務所や児童相談所などの行政機関である（後述①）。しかしながら、これらの行政機関を通過したあとの支援や援助の担い手はそのほとんどが民間非営利の社会福祉団体（社会福祉法人）となる（同②〜④）。特に、福祉サービスの提供（特別養護老人ホームや障害者向け作業所、低所得者層向けの宿泊所など）に関しては、社会福祉法人が担い手の圧倒的部分を占める。ところが、困難を表出できない人びとにはアウトリーチの取組も必要となる。その重要な担い手が民生委員（同⑤）である。また、高齢者の介護予防のサービスポイント機能が期待されているのが地域包括支援センター（同⑥）である。さらに、定型化されていない生活上の難しさや、前述の岡村の言う社会参加と文化娯楽の要求には、ボランティア団体やNPO法人に多様な取組が支援となることもある（同⑦）。そして、こうした社会福祉活動のための募金事業とその配分を行う共同募金会がある（同⑧）。以下、こうした地域における支援・援助の担い手となる主な機関・組織・団体を挙げていく。（表1）

① 福祉事務所・児童相談所、更生相談所等

　困難事例や公的社会福祉制度によって対応するべきケースに対応するのが、各都道府県や市町村に設置された福祉事務所、児童相談

表1　地域福祉事業の主な担い手

(行政機関を除く。)

項目	組織数(2010年)	内訳	内容等
社会福祉協議会	1,848	全国 都道府県 政令指定都市の地区社協 市町村社協(以上で1,923) 支部社協(各市町村社協内を支部に分割し自主的組織として運営→町内会、自治会、町会単位など…数十万の組織)	社会福祉法に基づき設置(§109-111) 地域活動支援 福祉サービス利用支援 地域福祉事業の実施 人材育成 ネットワーク形成
共同募金会	46	中央募金会 都道府県共同募金会	社会福祉法に基づき設置(§114) 共同募金事業の実施、配分委員会の設置・募金の配分
社会福祉事業団	132	地方公共団体が設置した社会福祉施設の経営	社会福祉法に定める社会福祉事業
施設経営法人	16,408	施設数　50,343 在所者数　2,653,865人 従事者数　757,189人	
その他の社会福祉法人	293	—	不明
民生委員	230,339	配置基準 都、指定都市　220~440世帯に一人 中核市、10万人以上市　170-360世帯 10万人未満市　120-280世帯 町村　70-200世帯に一人	民生委員法に基づき任命 生活困窮者、老人、児童、障害者等で援護を要する者の相談に応じ、援助を行う
ボランティア	7,304,089人(2009年)	団体数　170,284 所属ボランティア人数　6,687,611人 個人ボランティア数　616,478人	対人サービス型 交流型 支援型 テーマ型
NPO法人	46,324(2012年)	保健医療福祉の増進　26,755 社会教育の推進　21,688 まちづくり推進　19,784 学術・文化・芸術・スポーツの振興　15,850 環境保全　13,795 子どもの健全育成　19,805 活動団体の連絡・助言・援助　21,219 (全20分野から主なもののみをあげた)	—

ボランティアは全国社会福祉協議会調べ、NPO法人は内閣府NPOホームページ、それ以外については「厚生統計要覧(平成23年)」を参照し、筆者作成。

所、更生相談所、婦人相談所等である。これらの相談所等は公的相談機関として、相談から保護の実施を担っている。
② 施設経営法人
　ここでいう施設経営法人は、社会福祉法人のうち、上記の3組織及びその他の事業を実施している法人を除いたものである。施設経営法人は、前述のようなGHQの占領政策における、公私分離の原則の下で補完的な役割を担ってきたが、実際には社会福祉事業実施主体の主流となってきた。さらに、高齢社会の進展や社会福祉事業の量的充実に伴い、実質的には新規サービス提供事業者のほとんどが社会福祉法人となっている。
③ 社会福祉事業団
　社会福祉事業団は、主に地方公共団体の設置する社会福祉施設の経営等を行っている。NPMの潮流の中で、直営（公設公営）型の社会福祉施設運営が敬遠され、サービスを確保しながら、民営化を図り効率性を追求する手段として、1990年代以降事業団の設置が進んでいる。直営施設からの移行という性格から、自治体職員が配置されるケースも多い。
④ 社会福祉協議会
　既に述べたとおり、社会福祉協議会は、地域福祉事業の牽引車として最も重要かつ広範な役割を担っていると言えよう。社会福祉協議会は、社会福祉法人格を持ち、原則として各市町村、都道府県に設置され、区域内の社会福祉事業等の経営者の過半数が参加するものとされている。さらに市町村社会福祉協議会には町内会や自治体内の区割りによって地区社会福祉協議会が設置され、ピアグループによる茶話会や健康づくり教室等様々な事業を実施している。そのほか、住民の福祉活動の支援・協働、地域総合相談・生活支援、権利擁護等の事業にあたっている。また、介護保険、障害福祉の指定事業者として、地域に不足するサービスの提供者機能を担っている場合も多い。

⑤　民生委員

　民生委員は、厚生労働大臣の委嘱により、地域住民の生活状態の把握や地域住民への福祉サービスに関する情報の提供に従事するボランティアとされている[12]。実際には、地域内の孤立者の発見・見守り、かかわり、生活保護や生活福祉資金等の事前調査協力、援護の必要な個人をサービスへつなぐ発見・通報、情報提供、災害時要援護者の把握など、その業務は多岐にわたる。個人の生活に介入し、かつ広範な知識と専門性が必要な業務をこなさなくてはならないため、過重負担や人材確保困難などの課題が生じている。しかし、住民約500人に一人配置された民生委員の役割は大きい。

⑥　地域包括支援センター（全国約4,000か所）

　地域包括支援センターは、介護保険制度改正によって、2005年から地域住民への介護予防事業を行うセンターとして各市町村に設置された。被保険者と家族、要支援者とその予備軍を主な対象として、保健医療福祉の包括的支援事業を展開している。一人暮らし高齢者の把握及び生活支援等のニーズが高まっているが、民間事業者にセンターの運営を委託している市町村では、個人情報保護のために支援の必要な高齢者等の把握が進まないことなどが問題となっている。

⑦　ボランティア団体、NPO団体

　さまざまな形態で設立運営されているボランティア団体の数を正確に把握することは困難であるが、社会福祉協議会等に設置されたボランティアセンターに登録されたボランティア活動者数は約800万人に上っている。ここで把握されているボランティアは社会福祉協議会を通じて地域福祉活動に協力する頼まれ型ボランティアや、地域のニーズに応じて自発的に活動を開始・実施する手上げ型ボランティア等があり、地域福祉ニーズの掘り起こしやサービス供給に貢献している。

---

12) 身分上は都道府県の非常勤特別職の公務員である。

NPO法人は、保健医療福祉の増進活動、社会教育の推進活動、街づくりの推進活動など法に規定された20の事業を実施するものとされている。実施事業内容で最も多く挙げられているのが、保健医療福祉の増進活動で、26,755法人（2012年）に上っている。

⑧　共同募金会

　共同募金事業は、社会福祉法に基づき、社会福祉法人である中央募金会、都道府県共同募金会を設置し、共同募金事業の実施、配分はこの共同募金会を通じて実施することが定められている。2011年度の共同募金総額は約208億円であった。

3-2　地域福祉政策の限界─地域福祉計画

　これらの地域福祉事業を展開する団体や機関、個人の活動を統合し、より機能的な地域福祉を推進していくために定めるものとして、2000年に導入されたのが社会福祉法に定める地域福祉計画である。地域福祉計画は市町村単位で策定され、都道府県は市町村の地域福祉計画をバックアップするための人材育成や基盤整備などを中心とした支援計画を策定するものとされている。策定指針では、既存の施設や医療、教育など各分野における行政計画の「隙間を埋める計画」であること、住民が担い手であることを明記している[13]が、策定事項の指定はなく、他の行政計画に比べフリーハンドで策定することが可能であり、内容も自治体によってさまざまである。策定が義務付けられていないために、策定率は市区部69％、町村部31.5％（2010年度）にとどまっている。

　地域福祉計画の策定指針では、「地域福祉の担い手」として、地域住民、要支援者の団体、自治会・町内会、地縁型組織等、一般企業、商店街等、民生委員・児童委員、福祉委員等、ボランティア、ボランティア団体、NPO法人、住民参加型在宅サービス団体、農業

13）社会保障審議会福祉部会「市町村地域福祉計画及び都道府県地域福祉支援計画策定指針の在り方について（一人ひとりの地域住民への訴え）」2002年

表2　埼玉県内地域福祉計画策定委員会委員の内訳(2013年2月現在)(注1)

委員分類	該当計画数(注2)	総人数	平均人数(注3)	備考(例)
策定委員会委員数	34	538	15.8	埼玉県地域福祉支援計画及び現在策定済みの埼玉県内市町村福祉計画で委員の所属等がわかるものを数えた。
一般公募	23	53	1.6	—
教育研究機関等代表(学識経験者)	24	41	1.2	大学教員等（学識経験者枠の委員であっても、他機関所属等の場合は除いた。）
域内福祉事業者代表	24	49	1.4	施設経営者連絡会代表、域内福祉施設長
域内福祉関連団体・機関代表	34	200	5.9	
当事者団体	7	0.3	1.6	手をつなぐ育成会等
福祉関連団体連合組織	21	0.8	1.2	障害者福祉会等
ボランティア団体連合組織代表	20	0.6	1.1	ボランティア連絡会代表等
老人会・婦人会代表	20	0.7	1.2	
PTA代表	16	0.6	1.3	
子育て関連団体代表	13	0.4	1.0	母子愛育会、子育てサポーター団体等
赤十字奉仕会	4	0.1	1.0	
NPO団体代表	2	0.1	1.0	市町村NPOセンター代表等
医師会・歯科医師会代表	14	0.5	1.3	
保健医療・福祉機関代表	15	0.7	1.7	保健所、保健福祉センター、地域包括支援センター等
学校等その他機関代表	17	1.0	2.1	消費生活センター、コミュニティ協議会、自主防災組織連絡協議会等
他計画代表	3	5	0.1	地域福祉計画策定懇話会・同市民会議代表等、介護保険事業計画等策定委員会代表等
民生委員・児童委員代表	32	40	1.2	—
社会福祉協議会代表	30	32	0.9	—
町内会・自治会代表	31	34	1.0	—
域内産業代表	12	18	0.5	
企業代表	2	6	0.2	
商工会代表	11	11	0.3	
商店街代表	1	1	0.0	
議員代表	10	18	0.5	—
市町村担当部局代表	16	48	1.4	—

出所：筆者作成
注1：改定されているものについては、2013年2月現在入手できる最新の計画を参照した。戸田市、入間市、鶴ヶ島市、日高市については、委員の所属の記載がないため除外した。越谷市については、草案を作成する地域福祉フォーラム委員の数を数えた。神川町の地域福祉計画は、町の総合計画に含まれる。
注2：分類に該当する委員が地域福祉計画策定委員会に含まれている計画数。
注3：1計画あたりの人数。

協同組合、消費生活協同組合、社会福祉法人、地区社会福祉協議会、社会福祉従事者、福祉関連民間事業者等を例示している。しかしながら、農業協同組合、消費生活協同組合等が地域福祉計画策定に参加するケースはまれである。たとえば、表2で示されるように、埼玉県内の地域福祉計画の策定委員会の構成人員をみると、平均して約15.8人の策定委員中、福祉関連団体・機関が3分の1以上を占める。また、民生委員や社会福祉協議会、自治会・町内会等の代表者も1名ずつ程度の割合で入っているが、協同組合・共済組織、労働組合などの社会的経済組織・団体はみられない。したがって、内容においてもこれら社会的経済組織団体が地域の支え合いのしくみに登場することもない。埼玉県では、地域福祉支援計画策定に向けた取り組みとして、生協の動向を注視しているが、生協の主体的な検討会が中心で、計画策定側のアプローチは消極的であった。

3-3　コミュニティ政策と地域福祉

　これまで、地域福祉事業の実施主体に着目して述べてきたが、より広く地域における生活公共活動を検討するのであれば、地縁型住民組織や新しい市民型の活動団体を考慮に入れていく必要がある。そこで、これまでの地域福祉の展開を考慮に入れながら、コミュニティ政策の展開を追っていくこととしたい。（表3）

　日本の地縁型住民組織の伝統は、相互監視と相互扶助の仕組みとして、江戸時代に一定の成熟を遂げ、明治時代の「市制・町村制」で近代的な制度へと発展を遂げた。さらに、大正初期に展開した地方改良運動によって、現在の町内会組織の原型ができたという[14]。町内会の相互監視・相互扶助、行政の末端組織の性格は戦時体制下

---

14) 山岡義典「地域社会における非営利活動」林雄二郎・（財）連合総合生活開発研究所編『新しい社会セクターの可能性—NPOと労働組合』、第一書林、1997年。具体的な展開は同書に詳しい。

表3　コミュニティ政策と地域福祉の展開

	「コミュニティ」政策の動き		「地域福祉」の展開
1947	町内会・部落会の廃止（政令第15号）	1949	GHQ「社会福祉行政に関する6項目」で社協創設提案
1952	町内会禁止令失効→自治会、町内会の復活	1951	
		1952	厚生省「小地域社会福祉協議会の整備について」
		1963	都道府県社会福祉協議会に福祉活動指導員設置（国庫補助）
		1966	市町村社会福祉協議会に福祉活動専門員設置（国庫補助）
1969	国民生活審議会答申「コミュニティ─生活の場における人間性の回復」→従来の伝統的な町内会・自治会とは違った形の新しい市民の組織の必要性を指摘→モデルコミュニティ地区（83地区、1971～1973年）指定【コミュニティ元年】		
1970	革新系市長を中心にコミュニティ行政を推進【第1期】包括的コミュニティ行政と、住民協議会等がコミュニティ・センターにおいて活動を展開（ソフト）		
1977	コミュニティ研究会報告		
1980	都市計画法改正、地区計画制度新設		
1981	神戸市「まちづくり条例」→まちづくり協議会の設置		
1983	街づくり協議会などが、防災などハード面、単一テーマに基づく活動を展開【第2期】	1983	社会福祉事業法で社協法定化（任意）
1990	コミュニティ推進地区指定（147地区、～89年）	1990	社会福祉八法改正　在宅福祉サービスの法的整備
1990	コミュニティ活動活性化地区指定（141地区、～94年）	1992	社協事業として、社会福祉への住民参加への援助規程
1991	地方自治法改正（地縁団体の権利能力取得）	1993	【国民の社会福祉に関する活動への参加の促進を測るための措置に関する基本的な指針】介護保険制度開始
1995	「ボランティア元年」（阪神・淡路大震災）【第3期】地方分権推進	2000	社会福祉法全面改正で、社協が地域福祉の推進組織としての明確化、地域福祉計画の法定化（任意）
2000	地方制度調査会答申「地方分権時代の住民自治制度のあり方及び地方税財源の充実確保に関する答申」	2002	社保審福祉部会「一人ひとりの地域福祉のあり方を」
		2008	「これからの地域福祉のあり方に関する研究会報告」

（筆者作成）

に強められ、戦後は一度廃止されるが、1952年のサンフランシスコ講和条約後、復活する。

　戦後の経済復興、高度経済成長とともに、都市化、農村部の過疎化が進行する中で、1960年代ごろからコミュニティ政策が登場する。1969年の国民生活審議会答申「コミュニティ─生活の場における人間性の回復」をきっかけに、従来の町内会組織の再編あるいは強化の形で地縁組織が再編されていった。さらに、コミュニティ・センターが全国各地に建設され、地域に関連するテーマや行政課題に応じて集会を行ったり団体を形成する、新しい単位の地域の結びつきが形成されていった。ミュニティ・センターを中心とした行政課題の解決をめざす結びつきが自発的で参入・脱退が比較的自由な緩やかな結びつきを持つのに対して、地縁型の住民組織は行政区域の全域を覆い、かつ世帯単位の強制加入である点が特徴的である。1980年代に展開するまちづくりへの住民参加を促す「まちづくり協議会」も、町内会が基盤となっている。そのほかに、美化運動やリサイクル活動等も、全世帯の参加が成果を大きく左右することから、町内会が基盤となりやすい。このように、町内会などの地縁組織は住民の参加を促す点で大きな力を持つが、一方でその地域の名望家や長らくその土地に住んだ高齢者がリーダーとなることが多く、新しい状況への対応に消極的であり、また新たな移入住民の参加意欲があがらない状況を作りやすいという課題が生じている。

　一方、1960年代以降、高度経済成長に伴う都市部の公害問題や環境破壊問題などをテーマとする住民運動、市民活動が活発になる。70年代にはこうした自発的運動や活動が領域を広げ、まちづくり、福祉分野にも発展する。さらに80年代にはアメリカを中心とする海外からの情報に影響を受けたフィランソロピー活動、ネットワーキング活動等が活発化し、活動の性格も運動型から活動を「楽しむ」ものが増えていったという。

　山岡は、このように、地域社会の公共活動を担う団体を、町内会などの地縁組織型住民組織と有志のグループによる市民活動型住民

組織に分け、特に市民活動型の組織が領域を発展させたり、内容を変容させたり、他の組織と相互に交流・融合し合いながら発展を遂げていることを指摘している。

しかしながら、市民活動型組織間の交流、ネットワーキングは発展しても、地縁型組織との交流、融合、相互発展は低調であるといえよう。地域福祉事業や活動は、住民一人一人をカバーする地縁組織型組織の利点と、新しいサービス、方法等の取入に積極的で多様な人材・資源を所有する市民活動型組織の利点の両者が得られることが望ましく、両者をつなぐ存在やシステムが重要である。

4 地域福祉事業における生活公共―フィンランドの事例から

生活公共の視点を取り入れた地域福祉事業を展開するために必要なのは何か。ここで、多様な主体による協働に成功した地域福祉事業についてフィンランドの事例を紹介しよう。Y財団及びASPAは、自治体、当事者団体等の共同設置による財団で、ホームレスの人びとや障害を持った人たちの住宅供給事業を展開している。両者の事業展開における財源は、主に自己の借入金とフィンランドスロットマシン協会からの保健福祉事業補助金によって賄われている。そこで、スロットマシン協会RAYについても簡単に紹介する。

4-1 Y財団

Y財団（Y-Säätiö）は、ホームレス状態の人たち等に対して、民間住宅を購入し、または新規に住宅を建設し、賃貸することで住宅確保を支援している。1970年代から都市部で深刻化した住宅問題に対処するために、フィンランド都市自治体協会（当時）、5つの大都市自治体[15]、酒専売公社、赤十字、建設産業連合、建設業労働組合、フィンランドルーテル派教会、精神障害者協会が共同で1985年に設立した。全国に5,000以上の住宅を賃貸住宅、補助付き住宅、

サービス付き住宅として賃貸している。スロットマシン協会RAY（後述）からの補助金収入、自治体からの補助金及び国家住宅基金の援助によって住宅の確保費用の約半分をまかない、残りを銀行等からの借り入れにより賄っている。自治体、産業界、労働組合、当事者団体を含めた各種団体が結集したY財団の設立は、精神科医であり、タンペレ大学教授、社会民主党所属の国会議員を務めたI.タイパレ氏の尽力によるとされている[16]。設立翌年の1986年には13住宅、入居者20人であったが、87年には215住宅、入居者238人に、2000年には3,937住宅、入居者5,333人に成長した[17]。2012年現在5,000以上の住宅に7,000人以上の入居者が暮らしている。さらに待機者が1,000人以上いるが、ホームレスの人たちの数は半減したという[18]。

　Y財団の事例は、国と地方自治体、当事者団体を含む市民団体、さらには経営者団体、労働組合の協働する地域福祉事業が良好に機能していることを示している。しかしながら、人的資源と政治的影響力、知識の豊富な人材によるアイデアとネットワーキングがなければ、実現しなかったであろうことも推測される。また、RAYによる補助金収入、さらには住宅扶助制度が家賃収入を堅固なものにしていることが、順調な発展の背景にある。

4-2　住宅サービス財団ASPA

　住宅サービス財団ASPA（Asumispalvelusäätiö ASPA）は、障害を持った人たちが普通の生活環境の中で単独で生活することがで

---

15) ヘルシンキ市、エスポー市、ヴァンター市、タンペレ市、トゥルク市。うち、ヘルシンキ、エスポー、ヴァンターの3市は首都とそれをとりまく首都圏域に属し、タンペレ市、トゥルク市は、首都圏域を除くフィンランド第2、第3の人口規模を持つ自治体である。
16) Pitkänen Sari, Rissanen Pekka, Mattila Kati, *Ihmisen arvoista asumista, Y-säätiön ja Asmispalvelusäätiö Aspan tuki- ja palveluasumismallien arviointi*, Avustustoiminnan raportteja 13, RAY, 2004
17) Ibid., s.14
18) Y財団ウェブサイト http://www.ysaatio.fi/index.php/esittely/, http://www.ysaatio.fi/index.php/ajankohtaista/

きるよう、1995年に13のフィンランド国内の主要障害者団体[19]によって設立された財団法人である。共同住宅の建設や、一般のマンションの一部を財団が購入・借上げすることによって、全国で600を超える住居をグループホームやサービス付き住宅として障害者に賃貸している。18歳から65歳までの障害者、長期療養者、リハビリ期の精神障害者で、補助サービスが必要な場合に利用することができる。住居が地域の中に散在していること、戸建てのグループホームの場合は個人の居住部分が共用部分に通じるドアと外に直接面した各自の玄関の2か所の出入り口を持っていることが、ASPAで提供する住居の特色である。理事会は設立団体である13団体の代表者で構成されている。既存の住宅の購入費用については、RAYによる購入費用の半額を上限とする補助金、銀行からの借り入れ、寄付及び自己財産等で賄っている。また、新規住宅の建設や大規模改修等は、政府組織である住宅金融開発センターによる建設費補助及び政府の利子補給金付借入を利用している。財団の投資支出のほぼ半分がRAYからの補助金収入である。ASPAは2005年に、ホームヘルプ事業、見守り事業、余暇活動等を主な事業内容とする子会社ASPAサービス株式会社ASPA Palvelut Oyを設立している。

　ASPAは、当事者団体の共同による地域福祉事業によって、障害者向けの質の高い住宅を確保し、障害者の地域生活を可能とする一助となっている。これもY財団同様、RAYによる補助金収入と堅固な障害者向け住宅扶助が財政安定化の基盤となっている。

4-3　スロットマシン協会RAY

　フィンランドスロットマシン協会（Raha-automaattiyhdistys,

19）ASPAの13の設立構成団体は、てんかん協会、スウェーデン系発達障害者協会、発達障害者サービス財団、発達障害者協会、聴覚障害者協会、発達障害者支援協会、障害者協会、精神障害者中央協会、若者の友達、フィンランド多発性硬化症協会、フィンランド脳性まひ協会、視覚障害者中央協会、フィンランドパーキンソン病協会である。

RAY）は、パブやスーパーマーケット、商店やホテル等に設置されたスロットマシンやギャンブルゲーム機の収益を保健福祉事業及び退役軍人援助事業に支出することを目的とした団体である[20]。1938年に、スロットマシン等のギャンブルゲーム機の設置の慈善団体による独占が法定化し、児童保護団体、赤十字等、当時の8慈善団体が共同でRAYを設立した。2012年は、94団体が加盟し、750の保健福祉領域の団体に、合計2億7,755万ユーロが補助金として支出された。最大補助金支出先団体は、視覚障害者中央協会（756万ユーロ）、Y財団（582万ユーロ）、緊急保護及びシェルター協会（566万ユーロ）である。補助金の分配は、フィンランド保健福祉省（Sosiaali- ja teyveysministeriö）によって案が作成され、政府によって決定される。理事会のメンバーは政府、加盟団体からのそれぞれ7名の代表によって構成され、政府によって任命される。議長及び第一副議長は政府選出メンバーがあてられている。

　スロットマシン協会による補助は、フィンランドの社会福祉に関する公的支出568億ユーロの約0.5％に相当する。フィンランドの社会福祉サービスは、自治体が供給責任を持ち、事業者からのサービスの購入や事業委託など自由な方法で提供するサービスを確保することが可能である。サービス提供団体は、自治体の委託やサービス購入によって事業収入を確保し、投資支出についてはY財団やASPAのようにRAYから施設建設費用等の補助を受けることが一般的である。これが、自主的な地域福祉事業の財政安定化の基盤となっている。

5 展望と提言

　限られた資源を有効に使い持続可能な社会を構築していくための

20）フィンランドでは、賭博などの射幸行為はこのほかに競馬とスポーツくじに限られ、それぞれ収益は教育とスポーツ振興に充てられている。

カギは、これまで政府と市場に委ねてきた資源の抽出と分配を、より顔の見える地域社会で行っていくことといえよう。生活公共は、その場でありシステムの在り方とも考えられる。

地域福祉の視点から検討すると、政府と市場だけに委ねない地域社会の福祉への取り組みを主流化していくことは、これまで以上に資源を有効に活用し、効果的に配分する突破口である。「地域福祉の主流化」はこのような方法で展開していくことが望ましいと考えられる。本章でみてきたように、地域福祉、地縁型組織の運営は、これまで政府（行政）主導で限定的なメンバーと保守的な取組方法で行われてきたと言えよう。生活協同組合などの協同組合組織、労働団体、経営者団体、地縁型組織、市民活動型組織などの多様な主体を協働させる仕組みを地域福祉の現場でも実質的に導入していくことが求められよう。フィンランドの事例は、労働組合や経営者団体を含めた多元的な主体の協働の一つの方策を示している。

そして、福祉には人びとの主体性が重要であり、多様な人びとの多様な生活課題に取り組んでいくことが今後目指されるのであれば、本書第二部で紹介されるような個別の団体や組織の多様で主体的な取り組みが、より主流化されていくことが必要である。それは、地域福祉における生活公共の主流化であり、定型化された社会福祉ではなく、より個別具体的な人の生活を支えるさまざまな取り組みである。

3章
社会的孤立への取り組みから地域生活公共を考える

鈴木　奈穂美　専修大学準教授

1　はじめに

　高齢者の所在不明問題、孤立死、児童虐待など、社会から孤立した生活を送る人びととの極端な問題が表面化している。この背景には、地縁、血縁、社縁といった人間関係が希薄化する「無縁社会」が拡大していることと関係があると指摘されている。
　OECD（2005）[1]によると、日本では、15％近くの国民が、社会的環境の中で友人や同僚などと共に時間を過ごすことが「ほとんど」もしくは「まったく」ないと回答している（図1）。OECD諸国平均のそれは6.7％であり、日本はOECD諸国内でも最も高い割合であることがわかる。また、過去1か月間に他者に対して手助けしたことがあると回答した割合は約23％で、OECD諸国（平均約47％）の中で最低の値であった。これらから、世界的にみて日本は個人、もしくは家族・世帯が社会から閉じた孤立している傾向にあるといえる。この状況は、新自由主義によって拡大した個人主義の影響を受けている。常に健康で、経済力があり、適切な判断能力がある自立した個人で社会が形成されているなら、自助努力で課題解決に取り組めるかもしれない。しかし、高齢者や障がい者、長期失業者な

---
1) OECD（2005）"Society at Glance: 2005" を参照のこと。

図1　OECD諸国における社会的孤立の状況

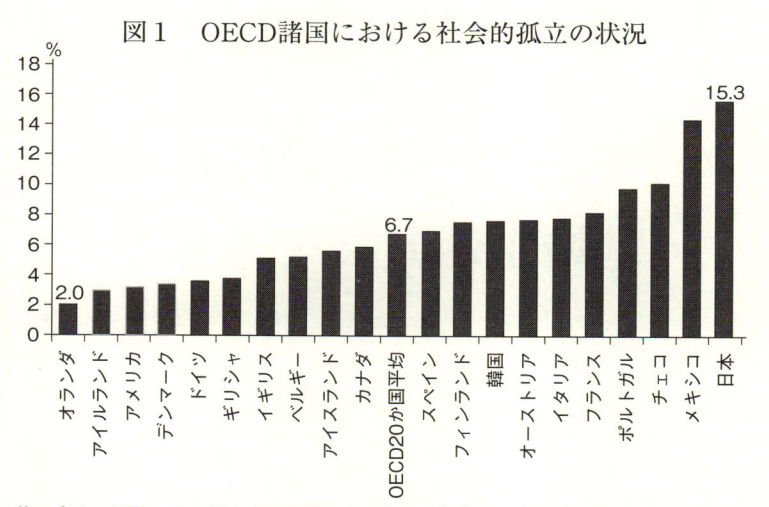

国	%
オランダ	2.0
アイルランド	
アメリカ	
デンマーク	
ドイツ	
ギリシャ	
イギリス	
ベルギー	
アイスランド	
カナダ	
OECD20か国平均	6.7
スペイン	
フィンランド	
韓国	
オーストリア	
イタリア	
フランス	
ポルトガル	
チェコ	
メキシコ	
日本	15.3

注　友人、同僚、その他の人々と共にめったに会わない、もしくは、まったく会わないと回答した割合
資料　OECD（2005）"Society at Glance: 2005"

どの中には、自助努力だけでは人間らしい生活の質を維持できず、日々の生活の中で生じる課題を自ら解決できないケースも少なくない。このような人びとが「社会的孤立」に陥りやすく、不安や課題を一人で抱え込んでしまい、支援を求めることもできない者もいる。

このような状況を打開するにはどうすればよいのだろうか。本章では、被災地における「社会的孤立」に注目し、その支援の取り組みから地域生活公共構築にとってどのようなものが必要なのかを考察していく。

2　ベックのリスク社会論から考える現代社会

日本は、高度経済成長期以降、都市化・工業化が急速に進展したことにより地域共同体が脆弱なものになった。それを代わり、「日本的経営」や「日本型福祉社会」という語に象徴される家族主義的

な企業や（核）家族にて疑似共同体が作られ、同質的な集団を重視する社会となった。公正や効率という価値が浸透しながらも、個人は疑似共同体に守られながら生活を営むことができた。その後、ポスト工業化の時代になると、雇用の流動化や家族形態の多様化などが進んだことで、家族主義的企業や（核）家族といった疑似共同体も不安定なものになってしまった。1990年代になると、生活のセーフティネットとして機能してきた疑似共同体が脆弱になり、個人が過激な市場競争にさらされるようになった。その一方で、政府は財政の均衡を重視する政策を進めることで、公的なサービスの拡大は抑制された。それと共に、個人が直接的に社会的リスクを背負うようになった。

　この流れは、1980年代から台頭してきた新自由主義と深く結びついている。職業や人間関係、消費、ひいてはライフスタイル全体まで、社会的な規範の影響をうけず、個人の選択の余地が拡大した時期である。これは自己責任の価値観も強化され、結果、雇用、消費などあらゆる場面で個人主義が進んだ。しかし、個人レベルでは十分にリスクに対応できず、新たな課題が発生している。その一部を成すものが社会的孤立といえるだろう。社会的孤立の要因はさまざまなものがあるが、その１つとして、人びとが他者から個人や家族の事情を細かく詮索されたくないというプライバシー重視といった私生活主義と、自由を尊重するため何か問題が生じても他者からの手助けを借りずに自らで対応するという自己責任重視の価値によって、社会や他者とのつながりを好まないということが要因として考えられる。その結果、本来、自助の力を欠いた支援の必要な人であっても、社会的支援を拒み、解決策のないまま現状のリスクを防御することなく受け入れざるを得ない事態に陥っている。

　リスクについて、ISOは「目的に対する不確かさの影響」と定義している（ISO Guide 73 Risk management-Vocabulary）[2]。日本学術会議日本の展望委員会安全とリスク分科会（2010）によると、「責任主体が明確にできないリスク」が存在するため、「リスクは厳

密な定義しにくい状態である」と限定した上で、「人が行った行為によって被る被害（damage）の可能性すなわち確率」と定義している[3]。しかしながら、「地震・風水害などの自然災害、予期せぬ事故のように自己が責任を負えない損害としての危険および人間の力では避けることのできないハザードなど、人の意思決定のあるなしを超えたリスクの扱いが普及しつつある」としている。ベックは、原発をはじめ科学技術の発展に伴って拡大したリスクを「歴史の産物であり、人間の行動や不作為を反映したものであり、高度に発達した生産力の表れ」と位置付け、リスクの根源は「知識」にあり、「自然を完全に支配できる」という考え方からリスクが生じる（Beck1986＝1998）[4]。これらリスクに対する共通した見解は、リスクは本来、自然災害のような危険（danger、hazard）とは区別され、人間の行動・選択によってもたらされた将来の損失のことを指すが、人間の意思や力の及ばないところで生じる危険についても、リスクを見なす場合があり、現実に、このようなものもリスクとして捉える傾向がある。そのため、現在は多様なリスクと隣り合わせで生活しているといえる。

　さらにベックは、リスク社会に対抗するため「サブ政治」という考え方を提示している。サブ政治とは、政治と非政治の概念の境界が曖昧になった「第三の形の政治」のことであり、「さまざまな分野での文化的、また社会的なサブ政治—メディアの受け手たる大衆、司法、プライバシー、市民運動、新たな社会運動－がなかば制度的に保障され、なかば制度を無視して表現される新たな政治文

---

2) ISOは、組織が適切なリスクマネジメントを実施するための標準化のため、2009年にISO31000「リスクマネジメント—原則及び指針（Risk management- Principles and guidelines）」及びISO Guide 73を発行した。その後、2011年に、第262プロジェクト委員会（ISO/PC 262）を設置し、ISO31000を各分野に適用するためのガイダンスの作成をおこなった。
3) 日本学術会議日本の展望委員会安全とリスク分科会（2010）「提言　リスクに対応できる社会を目指して」（http://www.scj.go.jp/ja/info/kohyo/pdf/kohyo-21-tsoukai-10.pdf　最終閲覧日30/08/2012）を参照のこと。
4) Beck, Ulrich, 1986, RISKOGESELLSHAFT: Auf dem Weg in eine andere Moderne〔ウルリヒ・ベック（1998）『危険社会—新しい近代への道』、東廉、伊藤美登里訳〕

化」でもある（Beck1986＝1998）[5]。サブ政治が登場した背景として、民主主義と福祉国家のなかで、「市民が利益と権利を確保するために、公的かつ司法的な統制と参加などのさまざまな手段を利用できるようにな」り、発言の場や権利が増大したことで政治的な力を持つようになったこと、また、科学技術や企業、医療といった技術の発展と経済的発展によってもたらされる事象が新たなイッシューとして政治的な力をもつようになったことが挙げられる（Beck1986＝1998）[6]。

この政治的な力は「不安からの連帯」によって形作られるものであり、そこで期待される担い手はNPO・NGO、協同組合、労働組合などのサードセクターである。リスクを軽減するためのサブ政治の存在は、本書の住沢論文にもあるようにシビックとソーシャルという要素によって構成される地域生活公共の領域と深い関係があると考える。しかし、私生活主義やグローバル化などが進展する中、「不安」という合理性の欠いた基盤の上に築かれた地域生活公共では脆弱なものとなってしまう。したがって地域生活公共には、安定した社会基盤の上で構築される必要がある。

リスク社会の進展は、リスク管理の個人化をも進めている。つまり、「人々の連帯は、個々の項目ごとに、個々の状況やテーマごとに締結・解消され」るため、「さまざまな状況ごとに全く異なった集団と」連帯していくわけだが（Beck1986＝1998）[7]、日本の現状と照らし合わせてみると、多少状況が異なっている。リアルな生活で生じるリスクは複合的であり、自らがどのようなリスクを抱え、そのうち何が顕在化しているのか、そして、どのような対応が適切かなど、自らが置かれている状況を的確に理解している者ばかりではない。それどころか、ハイリスクな状況に陥っている者の中には、複数のリスクを抱えていたり、リスクの健在化が生じていても

---

5) 同上
6) 同上
7) 同上

生活のしにくさを自覚していなかったりと、自身の状況を明確に分析することができずにいるものも少なくない。このような者は、申請主義の社会福祉では適切な支援を提供することが困難である。その場合、リスクが顕在化した状況で生活を送ることとなるわけだが、これは当人（とその家族）のみの問題にとどまらない。リスクが顕在化したものが適切な支援を受けられないまま生活を継続することは、地域社会にとっても負の影響を及ぼしかねない。その例の1つが社会的孤立であろう。

3　社会的孤立の実態と施策の動向

　社会的孤立の最悪の状態として現れる事象として孤独死[8]がある。日本では、1970年代前半頃から高齢者の孤独死が指摘され始めたが（青柳2008)[9]、マスコミ報道等により、近年、多くの人の関心を集めるようになり、社会問題として認識されようになった。そのきっかけとなったのは、阪神淡路大震災時に建設された仮設住宅で生じた高齢者の孤独死（額田1999)[10]や、2000年代前半に相次いだ千葉県松戸市の常盤平団地での孤独死（中沢・結城2008)[11]、2009年にNHKスペシャル「無縁社会・日本」で放送された年間32,000件にも及ぶ「無縁死」の実態（NHK「無縁社会プロジェクト」取材班2010)[12]などである。2010年の夏に表面化したいわゆる「消えた高齢者」問題[13]もまた、高齢者の社会的孤立問題としても取り扱われた。

---

[8] 孤立死と表現する場合もあるが、現段階で、孤独死と孤立死には明確が定義の違いがあるわけではないため、本章では、「孤独死」で統一する。
[9] 青柳涼子（2008）「孤独死の社会的背景」、中沢卓美・淑徳大学孤独死研究会『団地と孤独死』中央法規
[10] 額田勲（1999）『孤独死―被災地神戸で考える人間の復興』岩波書店
[11] 中沢卓実・結城康博（2008）『常盤平団地発信孤独死ゼロ作戦―生きかたは選べる！』本の泉社
[12] NHK「無縁社会プロジェクト」取材班（2010）『無縁社会』文藝春秋社
[13] 「所在不明高齢者」「行方不明高齢者」などとも言われたが、これらは、戸籍上は存在しているが、実際には生死や実居住地などの確認が取れなくなっている問題でもある。

2012年初頭になると、世帯内の生計中心者（もしくは介護者）の急逝により、その援助を受けていた者が直後に死に至ったケースや、30代、40代の家族が同居しているにもかかわらず、家族全員が死に至ったケースなどが相次ぎ報道された[14]。以前は、孤独死というと、「誰にも看取られることなく、亡くなったあとに発見される死（内閣府2010）[15]」という意味合いで捉えられることが多く、高齢者の問題という認識が強かった。しかし、このころから、家族介護者等の同居者のいる高齢者や障がい者でも孤独死が発生するという認識が広まるようになった。2012年5月11日付の厚生労働省通達でも明らかだが、高齢者や障がい者の単独世帯や高齢者のみの世帯だけでなく、孤立状態にある世帯が孤立死といった社会的リスクと隣り合わせとなっている。

　この社会的孤立は年齢に関係なく発生するものであるが、先行研究をみると、高齢者の社会的孤立に関する研究蓄積が中心である（河合2009、黒岩2009など）[16]。これらによると、社会的孤立を引き起こす要因は、高齢、男性、低収入・貧困、配偶者の喪失、失業、疾病・障害などが挙げられている（河合2009、内閣府2011）[17]。また、高齢者の社会的孤立によってもたらされる課題は、生きがいの低下、消費者被害、犯罪、孤独死がある（内閣府2011）[18]と指摘されている。これは、高齢者以外の属性の社会的孤立にも関係があると推測する。

14）2012年1月12日には釧路市で84歳の夫と72歳の妻の死亡が、1月20日に札幌市白石区で42歳の姉と知的障がいのある40歳の妹の死亡が、2月13日には、立川市で45歳の母親と知的障がいのある4歳の息子の死亡が発見された。その後も、2月20日にさいたま市北区で、60代の夫婦と30歳の息子の遺体が見つかり、3月7日には再び立川市で認知症の90代の母親と60代の娘とみられる遺体が見つかった。さらに、3月11日には東京都足立区、14日には川口市、23日には入間市、世田谷区、27日には南相馬市で発見されている。
15）内閣府（2010）「高齢者の地域におけるライフスタイルに関する調査」http://www8.cao.go.jp/kourei/ishiki/h21/kenkyu/gaiyo/pdf/kekka1-1.pdf（最終閲覧日10/04/2012）
16）河合克義（2009）『大都市のひとり暮らし高齢者と社会的孤立』法律文化社、内閣府（2011a）「平成23年版高齢社会白書」
17）内閣府（2011a）「平成23年版高齢社会白書」
18）Townsend, Peter［1965］The Family Life of Old People, An Inquiry In East London, Routledge & Kegan Paul【P.タウンゼント、居宅老人の生活と親族網：戦後東ロンドンにおける実証的研究、山室周平監訳、1974年、垣内出版】

社会的孤立について、Townsend（1957＝1974）[19]が、「家族やコミュニティのほとんど接触がない」という客観的状況を示す「社会的孤立」と、「仲間づきあいの欠如にともなう好ましくない感情をもつこと」という主観的な意味に対応する「孤独」とを使い分けている。Meeuwesen［2006］[20]は、社会的孤立の明確な定義は存在しないとした上で、その概念に共通する特徴として「意味のあるソーシャルネットワークの欠如した状態」であるとしている。また、（財）東京市町村自治調査会（2012）[21]では、高齢者の社会的孤立について、調査を実施するにあたり、①日常的なコミュニケーション相手の不存在、②必要な相談相手の不存在、③体調や怪我等の緊急時の際に駆けつけてくれる相手の不存在という「高齢者が通常保有する三つの基本的な社会関係ネットワークが欠如している状態」と定義している。これらの定義から、社会的孤立とは、日常的に人と人とのつながりが欠如した状態に注目した概念であることがわかる。したがって、社会的孤立予防の対策とは、日常的なつながりの回復を促すようなものとなろうが、それにはどのようなものがあるのだろうか。

　岩田・黒岩（2004）[22]によると、日本の社会的孤立支援は、高齢者介護対策の一環として位置付けられた点に特徴がある。地域社会での仲間づくりを行うことで、引きこもりなどの「孤立」を予防・解消することを目的として「介護予防・地域支え合い事業」が2000年度から行われてきた。しかしながら、介護保険の財政問題をうけて、2003年度からより効果的な介護予防事業を推進するため筋力向上トレーニングや足指・爪のケアに関する事業など身体能力の維持改善型へとシフトしたことで、地域支え合い事業のなかの孤立予

---

19) 同上
20) Meeuwesen, Ludwien [2006] "Social Isolation in Modern Society
21) 財団法人東京市町村自治調査会（2012）高齢者の社会的孤立の防止に関する調査報告書 http://www.tama-100.or.jp/cmsfiles/contents/0000000/66/23kourei.pdf（最終閲覧日 09/07/2012）
22) 岩田正美・黒岩亮子（2004）「高齢者の「孤立」と「介護予防」事業」『都市問題研究』56、（9）、p21-32

防・解消や仲間づくりは後退していった。これ以外の社会的孤立予防の施策としては、住民の自発的な仲間づくりとして「ふれあいいきいきサロン」があった。この事業は、「生活に必要な公的在宅福祉サービスは充実しつつあるが、これだけでは地域生活の寂しさや不安は解消されない」という実態を踏まえ、社会福祉協議会が1994年に事業化した（厚生省2000)[23]。当初、地域住民のボランティアと利用者が主体となり、つながりを持てる場づくりをめざしスタートしたこの事業は、家族や地域コミュニティの希薄化という実情に合致した取り組みであり、意識の高い市民が中心になって支援をおこなうため有効な見守り活動となった。しかし、高齢者の孤立解消を地域住民の自主的活動にのみゆだねられることは、もっともつながりを喪失した者の孤立解消を遅くなりかねない（岩田・黒岩2004)[24]として、制度として見守りができる仕組みづくりが求められていった。

　高齢者以外の層も対象とした社会的孤立政策の議論は、2000年以降に進展した。2000年の厚生労働省「社会的援護を要する人びとに対する社会福祉のあり方に関する検討会」報告書がある。ここでは、「現代の貧困」の1つとして「社会的孤立や孤独」を取り上げ、現代の貧困に取り組むためには、中間組織を通じて「社会的つながり」を創出するなど地域福祉の役割を強調した視点から提言がなされた。また、2007年に同省内に設置された「高齢者等が一人でも安心して暮らせるコミュニティづくり推進会議（「孤独死」ゼロを目指して）」が2008年にまとめた報告書では、「孤独死」の要因として、支援を望まない者が増加していること、支援拒否する者への行政の介入に限界があることを明示するとともに、個人の死である「孤立死」が後始末や地域に波風が立つなどといった社会的コストを有していることを示した。そして、孤独死を防ぐには、「孤独」

23）厚生省（2000）『平成12年版厚生白書』
24）岩田正美・黒岩亮子（2004）「高齢者の「孤立」と「介護予防」事業」『都市問題研究』56、(9)、p21-32

に陥らないように地域での社会関係や人間関係を構築する必要性を提起している。

　高齢者以外の対象をも包含した社会的孤立施策として、2007年度の孤独死防止推進事業（孤独死ゼロ・プロジェクト）[25]、2009年度から定期的な基盤支援が必要な者・世帯をすべて対象とした安心生活創造事業（３年間のモデル事業）[26]、2010年度からの年齢制限のないパーソナル・サポート・サービス・モデルプロジェクト[27]、2011年度からの「社会的排除リスクの高いものを幅広く対象とした」社会的包摂ワンストップ相談支援事業[28]などが創設されることになり、各地で先進的な取り組みもでてきている[29]。これらの特徴は、社会的孤立状態にある、もしくは恐れのある者に対して、安否確認、見守り活動、個別相談を行う点にある。このように、近年、制度として社会的孤立に対する支援が創設された。

---

25) 厚生労働省老健局長の通知「孤独死ゼロ・モデル事業の実施について」に基づき創設された事業である。この事業では、都道府県や指定都市による住民等に対する普及啓発等の実施（広域事業実施分）と、モデル地域における見守り活動やネットワークづくりなどの「孤独死ゼロ」をめざした取り組みを推進する事業（市町村事業実施分）に分かれている。
26) 厚生労働省が地域福祉推進市町村を指定して行うモデル事業で、全国58市町村で実施された。この事業は、「悲惨な孤独死、虐待などを１例も発生させない地域づくり」をめざしたもので、３つの原則を達成することを目標としている。３つの原則とは、①基盤支援を必要とする人々とそのニーズを把握する、②基盤支援を必要とする人がもれなくカバーされる体制をつくる、③安定的な地域の自主財源確保に取り組むである。詳細は、安心生活創造事業推進検討会議（2012）『安心生活創造事業成果報告書（案）』〔安心生活創造事業推進検討会議 第11回（平成24年６月19日）の資料〕（http://www.mhlw.go.jp/stf/shingi/ 2 r9852000002dpfa-att/ 2 r9852000002dpgr.pdf　最終覧日30/06/2012）を参照のこと。
27) 2010年６月に策定された「新成長戦略」に「21世紀の日本の復活に向けた21の国家戦略プロジェクト」の１つとして、「パーソナル・サポート・サービス」の導入を図ることとされた。平成22・23年度は、都道府県の「緊急雇用創出事業」の基金を活用してモデル事業として実施した。
28) 東日本大震災からの復興の基本方針（2011年７月）や社会的包摂政策に関する緊急政策提言（同年８月）に基づき創設された事業で、2011年度第３次補正予算として厚生労働省に、2012年度は内閣府に計上している。詳細は「一人ひとりを包摂する社会」特命チームが2011年に提出した「社会的包摂政策に関する緊急政策提言」を参照のこと（http://www.kantei.go.jp/jp/singi/kinkyukoyou/suisinteam/PSSdai 8 /siryou 2 _3.pdf　最終覧日22/10/2012）
29) 先進的な取り組みの１つが千葉県の中核地域生活支援センターである。中核地域生活支援センターの詳細については、特定非営利活動法人介護者サポートネットワークセンター・アラジン（2012）『被災地のケアラーとこれからのケアラー支援─東日本大震災被災地のケアラー（家族など無償の介護者）の実態と今後のケアラー支援に関する調査研究事業報告書』を参照のこと。

4 社会的孤立状況にある者が支援を拒否する背景

　高齢者等が一人でも安心して暮らせるコミュニティづくり推進会議（2008)[30]でも言及されている社会的孤立状態にある者が支援を拒否する背景の1つとして、過度なプライバシー意識が考えられる。萩原清子は、高齢者の孤立について分析している中で「それぞれが（一人暮らしや同別居、子どもの有無に関わらず）、人間関係、家族関係、コミュニティ関係において、他者や家族から『干渉』されたくないという思いが強まって」おり、この背景にあるプライバシー問題によって、社会的孤立が発生していると指摘している（萩原2003)[31]。萩原は「プライバシーは他者の干渉を許さず、各個人の私生活上の自由を守ることに主眼を置いた考え方で、本来の意味は『公』の生活過程から距離をおいた自己回復の場として機能してきたと同時に、『私生活主義』へと転換してゆく中で定着してきた歴史的概念」（見田・栗原・田中1998)[32]という『社会学辞典』の定義を引用しながら、以下のように指摘している。今日的孤立は私生活主義の表れから来るものであり、「プライバシーを守ることと『新しい孤立』とは紙一重の関係にある」としている。このプライバシーの問題は、高齢者のみならず、広く浸透している価値であることから、社会的孤立を拡大させる可能性を秘めており、ここに何らかの対応が必要となってくる。

　この私生活主義について、個人主義と対比しながら考えてみよう。個人主義という思想は、自立した個人を前提にしており、集団に対して自らの意見や要求を表明するだけでなく、他者の意見や要

---

30) 高齢者等が一人でも安心して暮らせるコミュニティづくり推進会議（「孤立死」ゼロを目指して）(2008)『高齢者等が一人でも安心して暮らせるコミュニティづくり推進会議（「孤立死」ゼロを目指して）報告書』(http://www.mhlw.go.jp/houdou/2008/03/dl/h0328-8a_0001.pdf　最終閲覧日22/10/2012)
31) 萩原清子（2003）「いま、なぜ高齢者の孤立が問題か―ALONE状態の検討を中心に」『関東学院大学文学部紀要』100、81-99頁
32) 見田宗介・栗原明・田中義久（1998）『社会学事典』弘文堂

求についても耳を傾け、双方に相違があるならその距離を埋めるための対話を繰り返すことを重視した考え方である。そのため、個人主義とは、なんらかの社会集団があってはじめて成立するものである。一方、私生活主義という思想は、自らの意見や要求を主張する際、他者の意見や要求に耳を傾けず、自らの意見・主張が叶うことを求めるきらいがある。そのため、社会集団の存在はあまり重視されないと考える。

　これらの概念を本書のテーマである「地域生活公共」に引き付けて考えてみよう。この集団を地域社会とすると、個人主義に基づいて行動すれば、異なる考えがあったとしても対話を繰り返すことで、地域生活公共が醸成されるが、私生活主義では、対話が機能しないため、地域生活公共の醸成は見込めない。したがって、社会集団の意義を認めた上で、自らの考えを主張したり、他者の考えを尊重する価値が地域生活公共においては重要といえる。

　しかし、社会的孤立のような事態が現実の社会で起こっていることからもわかるように、このような場を有している者ばかりではない。そのため、孤立状態にある者も、支援を通じて対話ができるような場を得てエンパワーメントされていくことが求められよう。これによってサブ政治が機能していくと考える。サラ・ロングウェ（Sara Longwe）[33]の5段階のエンパワーメント・フレームワークによると、エンパワーメントは、①ウェルフェア、②アクセス、③意識向上、④参加、⑤コントロールのレベルに分かれる（久保田2005）[34]。サードセクターが社会的孤立状態に陥っている者に対し総合相談にのったり、直接サービス提供することで、まず、孤立状態にある者が支援の必要な者が適切な支援とつながり、①・②・③レベルのエンパワーメントを向上していく。そして、可能であれ

---

33) サラ・ロングウェ（Sara Longwe）は、ザンビアで女性の権利や平等、人権運動に従事していた人物である。
34) 久保田真弓（2005）「エンパワーメントにみるジェンダー平等と厚生―対話の実現に向けて」『国立女性教育会館研究紀要』第9号、27-38頁

ば、市民性を高め政策決定や意思決定のプロセスに参加するサブ政治の担い手となれるよう、④・⑤レベルのエンパワーメントへとつなげていく。これは、住沢論文にある「生活の持つシヴィックな要素」を高める「地域社会でのエンパワーメント」でもある。「地域社会でのエンパワーメント」を向上するには、個のエンパワーメントだけでなく、個別支援の基盤としても機能する「地域づくり」が不可欠である。これは、生活のソーシャルな要素を強める「地域社会のパートナーシップ」にもつながっていく。

　「地域づくり」の重要性は、パーソナル・サポート・サービス検討委員会が2010年8月にまとめた概念整理からもわかる。つまり、①当事者の抱える問題全体に対応する包括的支援の継続的なコーディネート、②当事者の側に立ち、問題と解決の方向性を共有しながら自己決定を支える支援、③個人に対する働きかけと同時に必要な地域に対する働きかけ、④パーソナル・サポート・サービスを通じた制度改革への展望という4つである。現在のフォーマルな制度化された社会サービスだけでは、現代的な複合的なリスクに対応することは困難となっている。そのため、個別的な支援が必要となるわけだが、支援には、制度以外のサービスも含めた支援体制が求められる。パーソナル・サポート・サービスの第4の概念について、「単に個人レベルのミクロの包括的な支援ということではなく、それにより明らかとなる現行の制度の不備や問題点、経済社会の変化により生じた新しい問題の存在、また、それに対応する新たな制度や支援の創造の必要性を社会に訴え、働きかけるソーシャル・アクションの要素も含む営みとして考える。この営みによって、事後的な対応を余儀なくされていた新たなリスクに対し、早い段階での予防的施策がとられるようになり、本当の意味でのセーフティネットの構築につながることとなる」とまとめている（パーソナル・サポート・サービス検討委員会2010）[35]。したがって、「つながり」を再構築するためには個別支援だけでなく、地域づくりとの両輪が不可欠であり、それがサードドクターの活動を活発にするようなサブ政

治を拡大することになり、ひいては地域生活公共を生み出す。

5 東日本大震災被災地の応急仮設住宅等サポートセンターから地域生活公共を考える

　本節では、2012年5月3～4日と8月10～14日に実施した気仙沼市内に設置された応急仮設住宅等サポートセンター（以下、サポートセンターという）に実施したインタビュー調査に基づいたものである。サポートセンターは、阪神淡路大震災で多数発生した孤独死の問題を重く受け止め、新潟県中越地震の際、「仮設住宅で暮らす高齢者の介護及び介護予防と健康増進拠点[36]」となるよう、長岡市の社会福祉法人が初めて運営した。その意義が認知され、東日本大震災では、厚生労働省老健局が2011年4月19日付で東北・関東・信越地区の9県に対し「応急仮設住宅地域における高齢者等のサポート拠点等の設置について[37]」という通達を出した。これを受け、これまでに被災地で約100のサポートセンターが設置された[38]。これは、震災によって崩れた地域の生活基盤を再構築する取り組みであるため、社会的孤立の問題も念頭においている。その活動の様子から、地域生活公共について検討していく。

5-1 宮城県気仙沼市の概況

　気仙沼市は、宮城県の北東部に位置し、東は太平洋、南は本吉郡南三陸町、西は岩手県一関市、北は岩手県陸前高田市に接してい

---

35) パーソナル・サポート・サービス検討委員会（2010）「パーソナル・サポート・サービス」について―モデル・プロジェクト開始前段階における考え方の整理―、http://www.kantei.go.jp/jp/singi/kinkyukoyou/suisinteam/kangaekata.pdf　（最終閲覧日09/07/2012）
36) 災害福祉広域支援ネットワーク・サンダーバード　サイト（http://www.thunderbird-net.jp/whatis.html　最終閲覧日30/08/2012）より引用。
37) 詳細は、厚生労働省老健局「応急仮設住宅における高齢者等のサポート拠点等の設置について」http://www.mhlw.go.jp/stf/houdou/2r98520000019qpz-img/2r98520000019uvv.pdf（最終閲覧日09/07/2012）を参照のこと。
38) 詳細は、厚生労働省「介護等のサポート拠点について」http://www.reconstruction.go.jp/topics/304kaigo.pdf　（最終閲覧日29/08/2012）を参照のこと。

る。太平洋に面した沿岸地域は、リアス式海岸となっている。現在の気仙沼市は、2006年3月31日に旧・気仙沼市と旧・唐桑町が合併、その後、2009年9月1日に本吉町が合併したものである。旧気仙沼市に市役所があり、唐桑地区と本吉地区には支所がある。

　住民基本台帳によると、2012年7月末日現在、人口69,494人、世帯数25,607戸となっている。2010年12月時点では人口73,489人、世帯数25,457戸だが、2011年12月には、70,170人、25,581世帯となり、2011年3月11日に発生した東日本大震災の影響で人口が減少していることがわかる。また、高齢者人口30.5％（2012年3月31日現在）で、宮城県内の全市町村のうち7番目に高い値で、市の中では栗原市（31.9％）に次いで2番目であった。

　宮城県震災復興計画によると、2011年3月11日に発生した東日本大震災は、震源が三陸沖（北緯3.1度、東経142.5度、牡鹿半島の東約130Km）で、震源の深さが約24Km、地震の規模はマグニチュード9.0であった。気仙沼市では、赤岩が震度6弱と最大で、津波の高さは最大20m超であった。東日本大震災の被害状況（2012年8月21日現在）だが、死者数1,038人、行方不明者数264人、住宅被災棟数15,695棟、被災世帯数9,500世帯（推計）であった[39]。避難所は2011年12月30日に市内すべての避難所が解消された。現在、市内には応急仮設住宅が93団地、3,503戸（うちグループホーム型仮設住宅45戸）がある。応急仮設住宅へは2011年7月末頃から入居が始まった。また、災害公営住宅の整備状況だが、2012年8月3日現在で、建設要請受託したものが気仙沼市内に160戸あり、2015年度に入居予定である[40]。

39）気仙沼市公式Webサイト、〔震災関連情報〕被害の状況より引用　http://www.city.kesennuma.lg.jp/www/contents/1300452011135/index.html　（最終閲覧日29/08/2012）
40）宮城県復興住宅整備室Webサイト、災害公営住宅の整備状況についてhttp://www.pref.miyagi.jp/fukujuu/20120806_saigaikouei-seibi.pdf　（最終閲覧日29/08/2012）

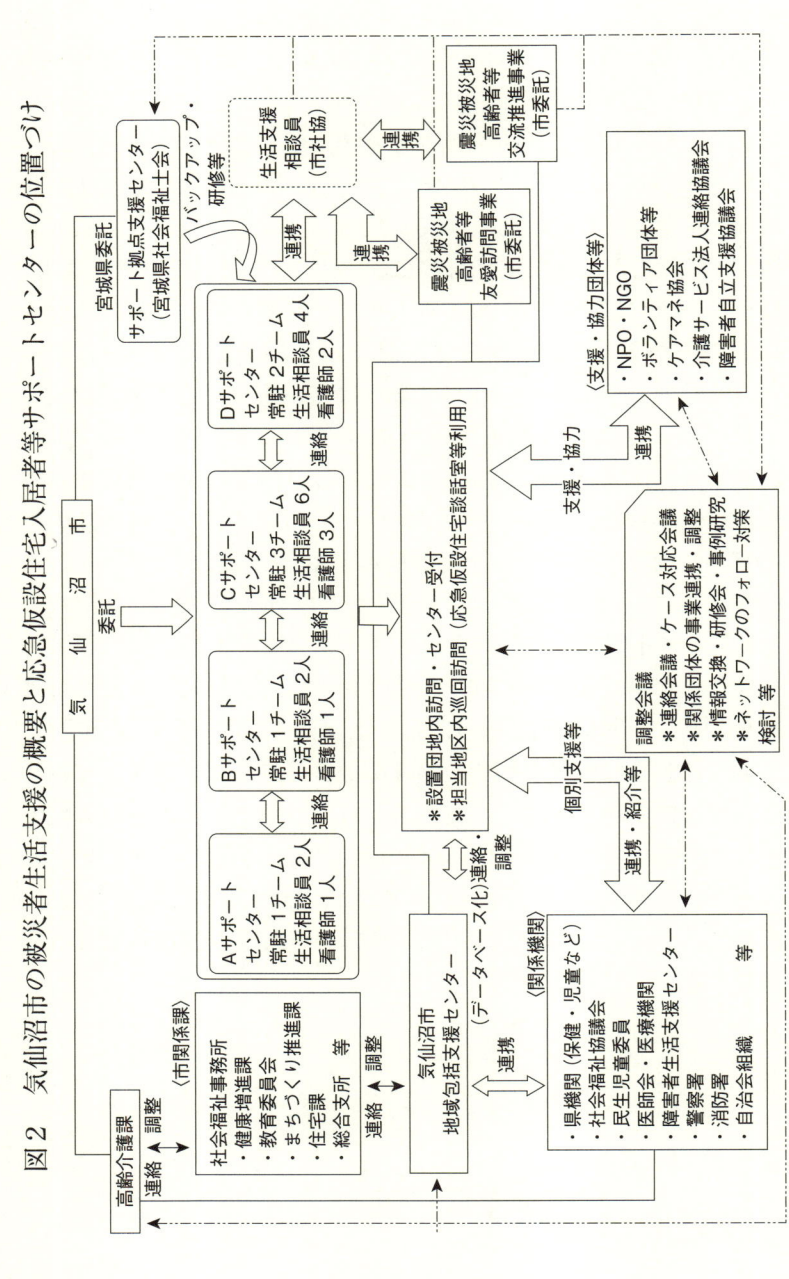

図2 気仙沼市の被災者生活支援の概要と応急仮設住宅入居者等サポートセンターの位置づけ

資料 気仙沼市保健福祉部高齢介護課「気仙沼市応急仮設住宅等サポートセンター設置について」を筆者が一部加筆・修正

5-2　気仙沼市応急仮設住宅入居者等サポートセンターの概要

　気仙沼市では、「応急仮設住宅入居者等に対する総合相談の実施や交流活動等により、孤立化・ひきこもり等を防止し、安心した生活がおくれるよう支援するため[41]」のものとしてサポートセンターを2011年11月に開設した。図2に示した通り、サポートセンター事業は気仙沼市から市内の社会福祉法人等が受託し、市内に3か所と一関市内に1か所の計4か所に設置された。支援体制は、生活相談員2名と看護師1名の3人体制となっている。気仙沼市内の3か所のうち、人口規模の大きいC地区は3チーム、それ以外は各1チームが、また岩手県一関市内のD地区では2チームが配置されている。

　事業内容は、①健康・介護・障害・子育てなどの訪問相談や、保健所や医療機関等の専門機関との連携をはかって個別に支援を行う「総合相談」、②高齢者同士、子ども同士、世代間の交流活動等の支援を行う「交流活動支援」、③NPO・NGO・ボランティア団体等との連携である。開館時間は、週5日間（原則土・日曜日は開館）、9時から17時となっている。2011年度（2011年11月〜2012年3月）のサポートセンター活動実績をみると、4か所で活動延件数が9,152件、内訳は訪問8,328件、相談690件、イベント134件であり、2012年3月現在で要継続訪問者は368人であった。国は第一次補正予算の「生活支援対策費」の一部を充当する方針を示し、県・地域支え合い体制づくり事業とサポートセンター等整備事業が財源となっている。

　気仙沼市内ではサポートセンターが設置されたときには、すでに別の被災者生活支援事業・活動として、2011年7月から気仙沼市が

41）気仙沼市保健福祉部高齢介護課「気仙沼市応急仮設住宅等サポートセンター設置について」より引用（http://www.city.kesennuma.lg.jp/www/contents/1321315647046/files/20111115_01.pdf、　最終閲覧日20/06/2012）

震災被災地高齢者友愛訪問事業[42]と震災被災地域高齢者等交流推進事業[43]を、2011年9月から気仙沼市社会福祉協議会が生活支援相談員事業[44]を開始していた。そのため、重複して訪問する場合もあり、設置当初はとまどいもあったようだが、現在では、これらの事業の合同会議なども開催され、それぞれの役割が明確になりつつある。

5-3 気仙沼市応急仮設住宅等サポートセンターの役割

被災地では、家族の喪失、自宅や勤務先に被災などを背景に、家族、健康、経済、就労、学校、震災に関連した喪失体験などの多様な問題が複合的に混在して発生している。サポートセンターに寄せられる相談内容をみても、ゴミ屋敷、皮膚疾患、アルコール依存、うつ、PTSD、就労、債務など多岐にわたっている。また、仮設住宅の住民か否かに関わらず、ひきこもりや生活不活発病、社会的孤立となりやすい状況にある者が多数存在する状態にあるという。

サポートセンターの意義を、予防医学や地域保健の分野ではハイ

[42) 友愛訪問事業とは、「避難所や仮設住宅における高齢者や日中高齢者のみ世帯を訪問し、話し相手や簡単な手伝いを行うことにより、高齢者等の孤立化・ひきこもりを防止する」もので、市内8か所の居宅介護支援事業所が受託している。支援の対象は、ケアマネージャーがついていない65歳以上高齢者である。友愛訪問員は気仙沼市緊急雇用創出事業でもあり、雇用予定数は42名であった。友愛訪問員は2013（平成25）年度まで継続予定としている。
43) 交流推進事業は、「介護・児童福祉・障害者福祉施設等の被災により離職した職員を雇用して、避難所や応急仮設住宅の高齢者等を中心とした巡回型の世代間交流事業を企画・実施を委託し、高齢者等の元気づくりを支援する」もので、雇用予定数は10名であった。この事業は市から（社）気仙沼復興協会に委託され、事業の担い手は被災者の中から雇用することになっている。具体的な活動内容は、お茶会、健康体操、わりばし書道、創作活動、健康相談、口腔ケアなどである。
44) 生活支援相談員は、気仙沼市社会福祉協議会の事業で、「被災者の福祉課題・生活課題の把握を行い、支援を要する人に対して、必要なサービス・活動が利用できるよう、相談や調整を行うとともに、既存のサービス・活動で対応できないニーズについては、自ら支援を行う」という個別支援による自立促進と、「住民同士のつながり、助け合いの活動の支援等の地域支援の役割」が期待されて、サポートセンターと類似した役割をもつ。友愛訪問員が高齢者を対象としているのに対し、生活支援相談員は年齢に関わらず日常生活において支援の必要な被災者を対象としている点が異なる。活動拠点は、市内3か所あるサポートセンターである。2011年度の財源は、生活福祉資金関連補助金（セーフティネット支援対策事業費補助金）であったが、2012年度は、絆再生事業（気仙沼市事業）として行われている。主な活動内容は、①ニーズ把握のための全戸訪問、②訪問活動（個別支援）、③住民同士のつながり、地域の福祉活動の支援（地域支援）がある。生活支援相談員の配置人数は45名である（2012年3月1日現在）。

リスク・アプローチやポピュレーション・アプローチ（門脇 2012）[45]を参考に考えてみよう。社会的孤立状態や生活不活発病状態などが顕在化しているような支援の優先順位が最も高い者は、救急対応や入院など、早急に、かつ、的確に医療や保健、介護の専門機関につなげる必要がある。次に優先順位の高い社会的孤立に陥るリスクの高い者は、基本は優先順位の最も高い者と同様の支援を行うが、支援拒否に陥らないよう丁寧な個別訪問をしながら信頼関係を築き、時間をかけて当事者が納得した上で専門機関へとつないでいく。これらの層を対象とした支援は、例えば、家庭訪問による相談や専門的なサービス提供だけでなく、状況によっては職場や学校など生活に係るあらゆる場に当事者と共に出向くアウトリーチを行いながら、個別的・包括的・継続的な支援を行う。これは地域保健等の分野でのハイリスク・アプローチと類似している。

　一方、最も人数の多い、専門的な支援を早急に必要としないが何らかの不安を抱えている一般市民に対しては、サポートセンターをはじめとする総合相談や地域の住民との交流を通じて、安否確認・見守り、話し相手といった支援を行う。こちらはポピュレーション・アプローチともいえる。このアプローチは、具体的な生活課題について、社会集団全体に働きかけるたり（啓発）、環境整備を行うと共に、アドボカシー機能に基づく運動なども含まれる。また、社会的リスクに対し、非合理的な不安から明確に解決すべき課題へと転換し、ハイリスク者を支える支援者へとエンパワーメントする場でもある。

　サポートセンターの生活相談員や看護師・保健師が関わることで、ハイリスク者に対しては、リスクの顕在化を行い、課題解決に向け、地域の保有している資源を有効に活用し、支援メニューの中から、状況に応じて制度化されたフォーマルなサービスだけでな

45）門脇裕見子（2012）宮城県・東松島市の経験から、精神科臨床サービス、12（2）180–184頁

く、インフォーマルなサービスをも組み合わせて個別課題に対応していく。支援メニューの組み合わせを決定する場合など、当事者の状況によっては、支援のタイミングをみて、即断即決が要求されることがある。また、震災前は、相談窓口が縦割りになっていたが、サポートセンターの開設により、どのような相談でも受け付けるため、相談しやすくなり、その結果、ハイリスク者を専門家につなげやすい環境が整ったという。リスクがそれほど高くない者に対してはニーズ把握やリスク軽減のための支援も工夫が必要で、アロマキャンドルづくりなどの創作活動を通じて他愛もない世間話や仲間との出会いから、潜在的なリスク因子を見つけなくてはならない。

　したがって、サポートセンターを、単に生活支援を行う末端組織と捉えるのではなく、社会的リスクを軽減するための最前線で、支援のニーズを引出し、適切なサービスメニューを組み合わせ、さらに、エンパワーメントしていく機関として捉えることが必要である。サポートセンターの運営は、サードドクターが中心となって行っている。このような場こそ、生活公共を育むことにつながると考える。

5-4　求められる被災地の地域づくりとは

　災害直後は個別相談が中心であったが、1年半を経過した頃になると、AやBのサポートセンターのスタッフは地域づくりの重要性が増していると実感していた。気仙沼市内のサポートセンターは2012年11月に2年目を迎える。2012年4月17日付で「東日本大震災に係る応急仮設住宅の供与期間の延長について」という文書が出され、設置期間が1年間の延長されることとなった。そのため、厚生労働省の社会・援護局の担当課では、サポートセンターに財政支援ができるよう、2013年度概算要求に必要額と計上しているという。

　2011年7月に発表された宮城県震災復興計画（第2次案）の参考資料にある「宮城県震災復興計画事業概要書」によると、10年間の

復興計画期間（2011～2020年度）のうち、サポートセンター等整備事業は2020年度までの10年間を実施予定年度としていた。このことから、県は、仮設住宅だけでなく、その後の移転先の支援も含めて長期的な事業としてサポートセンターをとらえているものと考えられる。しかし、実際、サポートセンターの財源は単年度の予算となっているため、実質的な継続の可否は今後その都度行われることになるため、宮城県震災復興計画（第2次案）に示されているようにサポートセンターが10年間継続するか否かはもとより、いつまで予算措置があるのか不明瞭な状況にある。とはいえ、今後も引き続き、サポートセンターは被災地の地域福祉の向上のため、生活課題全般に関わる実践的な舵取りを担うことになろう。復興推進委員会が2012年9月に取りまとめた中間報告書では、「地域包括ケアの考えが地域社会に定着し、地域づくりにおいても活かされることが期待される」と指摘している（復興推進委員会2012）[46]。被災地では、この地域包括ケア体制を整備する上で、サポートセンターが重要な役割を担うものと位置付けられている。

　特定非営利法人全国コミュニティライフサポートセンター（以下、CLCという）は、2011年3月に被災地の社会福祉法人や全国の介護事業者の協力を得て「東北関東大震災・共同支援ネットワーク」（以下、共同支援ネットワークという）を立ち上げた。CLC理事長であり、東日本大震災復興会議検討部会の専門委員でもある池田昌弘氏は、被災地での支援実践から、被災後の地域コミュニティづくりの重要性を主張し、「『避難所』『仮設住宅』『自己避難』など居場所にかかわらず、人びととのつながりを継続的に維持し、長期的な『まちづくり』まで視野に入れて被災地での新たな関係形成を支援する拠点として『地域支援支え合いセンター』構想を提起」している（CLC2012）[47]。この「地域支援支え合いセンター」のねら

46）復興推進委員会（2012）「復興推進委員会平成24年度中間報告」http://www.reconstruction.go.jp/topics/20120928_chuukanhoukoku.pdf　（最終閲覧日22/10/2012）

いの1つに、「地域支え合いセンターにおける住民の支え合い、学び合い、まちづくりへの参加」が、「復興後の福祉のまちづくりに継承、発展していくことをめざ」している点にある（CLC2012）[48]。

このセンターは、①住民が自由に集まり、困りごとを表明する「たまり場」、②住民が役割を担うことによる相互の「支え合いの場」、③住民の暮らしの復興に向けて、「仕事・雇用を創り出す場」、④住民が生活の復興、まちの復興に向けて学び合い、まちづくりに「参加する場」という機能を有している（CLC2012）[49]。①の「たまり場」は、多様なニーズの掘り起こしや、それらを解決するための資源の発見・創出の場である。②の「支え合いの場」とは、ニーズに対応して住民が協働していく場である。③の「仕事・雇用を創り出す場」は、課題を既存の制度に結び付けることで解決することをめざす、既存の制度の枠を超えて住民が組織的に事業化していく場のことである。④の「参加する場」とは、事業化によって地域の資源を維持・拡大していく中で、自治型の福祉を基調としたまちづくりへと参加することを意味する。

政府は2012年4月に仮設住宅の設置期間の延長[50]と併せて、災害援助資金の貸付要件の弾力化や、雇用保険の失業手当などの求職者給付支給に関する特例の適用期間の6カ月延長を発表した。この背景には、仕事・雇用不足の問題がある。調査の際、Bのサポートセンターのスタッフから、震災1年を経過したころから、多くの働く場が失われたため、「地域づくり」には仕事・雇用の創出が欠かせないと話していた。

仕事・雇用の創出は、地域経済を活性化させるためにも重要な要

---

47) 特定非営利活動法人全国コミュニティライフサポートセンター（2012）「震災における要援護者支援のあり方に関する調査研究事業報告書」http://www.clc-japan.com/research/pdf/2011_02.pdf（最終閲覧日22/10/2012）
48) 同上
49) 同上
50) 仮設住宅の居住期間延長により、被災自治体からのニーズや課題をくみ取り、居住環境改善のために冬に向けたお風呂の追い焚き機能の追加や家財道具の収納するための物置の設置を行った場合の費用を災害救助法の国庫負担の対象とすることとした。

素である。このような新たな課題が明確になってきたのは、サポートセンター設置時から、丁寧な現状把握に努めながら、支援にあたってきた成果である。これまでは社会的孤立をはじめとする再生産領域での課題と、生産領域で生じている課題を別々に検討してきたところであるが、今後は、非生産領域・生産領域を含めて地域社会のあり方を全体的に検討することが求められている。

6　地域生活公共を創造する地域づくりとは

　リスク社会の進行がもたらす社会的な変化を捉えた上で、社会的リスクの一例である社会的孤立に注目してきた。行政や多様なサードセクターが関わっている東日本大震災の被災地での応急仮設住宅サポートセンターの取り組みは、被災地のみならず、社会的孤立を抱えている地域への示唆もあった。社会的孤立状態にある者、あるいは社会的孤立のリスクを抱えている者に対して個別的な総合支援をすることで、彼ら・彼女らの生活を社会的なものへと導くことができる。しかし、それだけでは、地域社会のエンパワーメントやパートナーシップまでは至らず、人々の市民性・社会性を再構築し、社会的孤立状態から生じる課題を根本から解決することは困難といえる。そこで、地域社会に市民ひとりひとりがサードセクターを通じて、有機的な関わりが持てるよう地域づくりの支援が重要であり、それが地域生活公共の形成につながるものと考える。その際、地域づくりの対象は再生産領域だけでなく、生産領域を含めて行うことが求められる。なぜなら、地域社会は住まいの場だけでなく、働く場を兼ね備えていなければ、暮らし続けることが困難だからである。このような地域づくりは一朝一夕にできるものではなく、継続的な活動や事業が求められる。

　とはいえ、継続的に行うことが容易でないことも事実である。継続的に行うには、人材や財源の確保が必須である。人材については、地道に地域社会をエンパワーメントしていくことがその一歩と

なるが、財源の確保は大きな課題である。社会的孤立から生じる課題を克服するなど生活福祉を充実させる活動は、国や自治体から助成金や補助金をもとに行われることが多い。サポートセンターの事例もそうであったように、予算は恒久的なものではなく単年度の予算措置でおこなわれる場合も少なくない。そのため、予算が確定するまで、次年度の活動や事業が継続されるかは、活動・事業をおこなっている組織も不明な状況にある。そのため、社会的に意義のある活動・事業であっても財源確保が課題となり、活動や事業の継続が困難になる可能性もある。

　これに関して、2010年6月22日に閣議決定された「財政運営戦略」で財源確保ルール（ペイアズユーゴー原則）が確認された。ペイアズユーゴー原則とは、「歳出増又は歳入減を伴う施策の新たな導入・拡充を行う際は、原則として、恒久的な歳出削減又は恒久的な歳入確保措置により、それに見合う安定的な財源を確保する」ものである[51]。つまり、サービスの財源と給付の関係を明確にし、サービスの拡充や新しい政策の創設には、その財源確保を前提とするものである。2012年度の介護保険法改正にむけ、2010年12月24日の社会保障審議会介護保険部会及び2011年1月21日の全国厚生関係部局会議において、介護労働者の処遇改善の継続と給付拡充のためのペイアズユーゴー原則導入が示されたことでも知られている。社会保障・社会福祉分野の緊縮財政が進む中、保健福祉事業の再編成が行われているが、この原則が確認されたことで、国や自治体の予算を期待しても、残念ながら、計画的な活動・事業展開は難しいところがある。

　サポートセンターの事業は、通常の保健福祉事業とは異なり、あくまで東日本大震災関係事業として行われているため、被災地以外の地域にまでこのような取り組みを拡大することは、現状では見込

---

51)「財政運営戦略」は、http://www.npu.go.jp/policy/policy01/pdf/20100622/100622_zaiseiunei-kakugikettei.pdf　（最終閲覧日19/03/2013）を参照のこと。

めない。地域づくりに関する国の予算は内閣府や総務省などでもあるものの、時限付の事業であることがほとんどであるため、長期的な事業展開のための財源確保にはやはり工夫が必要である。したがって、国や自治体の予算以外で、安定的な資金を確保できるような仕組みをいかにして作るかが、地域づくりにとっては重要な要素といえる。では、どうすればよいのだろうか。

　筆者が提案するのは、サードセクター同士の協働を進めることである。ある活動や事業の主旨に共感できるサードセクターが資金や人材などを出しあって、地域の課題克服にあたりながら地域づくりをおこなっていくのである。NPO法人をはじめ資金が脆弱なサードセクターはアイディアがあっても、財源確保が課題となる。一方で、比較的資金力があるサードセクターがあるのも事実である。例えば、この後に出てくるような労働組合や共済、生活協同組合といった伝統的な共助組織のなかには、独自事業として生活の課題克服のために活動を展開しているところもある。このような組織が資金を持ち出しながら、その他のサードセクターの人材など資源を巻き込みながら活動を行っていくことができれば、単年度ではなく、一定期間でじっくりと腰を落ち着けた地域づくりが可能となるだろう。それが実現すれば、地域で生じる課題への抵抗力や解決力が高まり、地域社会全体のエンパワーメントへとつながるものと期待する。

第2部

4章 「情報労連　21世紀デザイン」と「新たな行動」
才木　誠吾　情報産業労働組合連合会政策局長
余田　彰　NTT労働組合中央本部交渉政策部長

5章 地域社会の安心・安全のよりどころとしての郵便局とJP労組の地域貢献活動の取り組み
桐谷　光男　日本郵政グループ労働組合／JP総合研究所所長

6章 電機連合の事例紹介
―電機産業職業アカデミーと障がい福祉委員会の施設運営
住川　健　電機連合産業政策部長

7章 教育研究活動と社会的対話
山本　和代　日本教職員組合教育改革部長

8章 自治労の自治研活動がめざしてきたもの
南部　美智代　全日本自治団体労働組合総合政治政策局長

4章
「情報労連 21世紀デザイン」と「新たな行動」

才木　誠吾　情報産業労働組合連合会政策局長
余田　彰　NTT労働組合交渉政策部長

　情報労連では、労働運動を取り巻く時代や環境の変化を踏まえ、新たな行動の方向付けと政策の基本スタンスを明確にするため、「情報労連21世紀デザイン」の策定を2003年の定期全国大会で決定した。その後、翌2004年7月まで12回に及ぶ検討委員会での論議を重ね、報告書をまとめた後、組織内での討議を進め、2005年に開催した定期全国大会で、「情報労連　21世紀デザイン」の確立に至った。この21世紀デザインは3つの政策と1つの新たな行動を提起しており、現在も情報労連の運動の柱となっている。

1 情報労連　21世紀デザインについて

　21世紀デザインの策定にあたって、当時の社会的な状況のポイントとしてとらえたのは、長期にわたる経済不況、高い失業率と雇用環境の悪化、さらに年金や医療費負担など社会保障の将来不安、地球温暖化問題、膨大な財政赤字など日本社会は閉塞状況にあることであった。これは7年たった今日でも、何一つ解消できていない状況だけでなく、少子高齢化の進展を含め更に悪化してきている状況にあるといえます。
　このような背景の中で、労働組合・労働運動についても、これまでのような成果や役割、存在感を示すことが難しくなってきている状況に陥っているのではないかと考えました。
　この検討にあたって、労働組合・労働運動に求められているもの

は、20世紀的な社会の在り方や、価値観等の根本的な転換であると考え、「経済成長」を前提にした社会を見直し、人々の「自立・自律」と「協力・協働」によって実現する「暮らしやすい社会」こそが、21世紀にふさわしい社会ではないかと考え、そのような社会を実現するためには、私たちも、これまでの企業内中心の運動を見直し、企業外、地域へと運動の幅を広げ、積極的に社会的責任を果たしていく必要があると考えました。

　この検討の中で、情報労連として「暮らしやすい社会」の実現を目指すこととし、暮らしやすい社会とは、①経済的な豊かさだけでなく多様な価値観が尊重されること、②個人のレベルにおける自立・自律を前提とした自分らしさ、自己実現、多様な生き方ができる社会、③性別や年齢の違い、障がいの有無、貧富の差に拘わらず「ケイパビリティ*」が誰にでも平等に保障される社会、④多様な生き方の選択肢の拡大と家庭生活や地域コミュニティなどの活動に向けた時間の創出ができる社会――と定義をおこなった。

　この「暮らしやすい社会」の実現に向けた情報労連の重点政策と運動の方向性として、「総合労働政策」「社会保障政策」「情報福祉政策」の3つの政策とコミュニティとの共生・協働に向けた「新たな行動」について確立しました。これらの政策、行動を通じて、情報労連は、組織内外の人々との連携・協働を通じ、社会から期待され、共感される運動を展開していくこととしています。

(*ケイパビリティ：情報労連21世紀デザインでは、「性別や年齢の違い、障がいの有無、貧富の差に拘わらず、誰もが選択可能な生き方の幅」を意味する言葉として使用)

2 総合労働政策

2-1 時間主権の確立

　情報労連が目指す「暮らしやすい社会」の実現には「ケイパビリティ」が誰にでも平等に保障され、社会との協力や協働などを拡大していくことが重要になる。そのためには、私たち働く者が企業内社会中心に費やされてきた時間の在り方を見直していくことが必要となっている。そして、誰もが労働時間を見直すとともに、仕事と家庭生活の両立をはたし市民社会との協力や協働に費やせる自由な時間を創出することとする。このことを通じた個々人の自立・自律的な生き方の充実を可能とする条件整備を「時間主権の確立」と位置づけ、この実現に向けて取り組むことが重要である。

　この考えに基づき、①企業内中心の生活・労働時間を見直し、誰もが仕事と生活の両立を果たし、家庭や地域コミュニティでの活動を楽しめる時間の創出による社会との協力・協働を促進する②「労働時間を短縮し、こういう生活がしたい」などの時間創出に向けた目的の明確化とともに、個々人の自立・自律的な生き方を基本としたワーク・ライフ・バランスに対する意識改革と条件整備を進める——を基本とした取り組みを進めている。

2-1 多様な正社員

　パート・有期契約労働者等の非正規労働者は、総務省の2012年4－6月調査では若干減少しているものの、1775万人となっており、雇用者に占める割合は34.5％となっている。これまで企業は、労務費の節約、景気変動に対する雇用の調整、即戦力・能力のある人材の確保などを目的に、非正規労働者の雇用割合を増やしてきている

傾向にある。

　一方で、労働者側は、育児・介護への対応等のライフステージの変化に合わせた働き方や、自己研鑽や市民社会との「協力・協働」など多様化するライフスタイルへの対応した働き方など、働き方に対するニーズも多様化してきており、その為には、一定の期間をパートタイムで働き、その後はフルタイムに変更するなど、働く側が選択できる働き方の多様化ができることが必要になっていると考える。

　しかしながら、現在では、雇用形態（正規・非正規）の間には処遇の格差が存在するとともに、一度非正規雇用での働き方を選択すると、正規雇用への転換には非常に高いハードルが横たわっている状況にある。

　このことを解消するためには、正規社員とパート労働者等の非正規労働者といった雇用の区分を改め、あくまで正社員の枠組みの中で、働き方の多様化を実現する「多様な正社員」という考えを求めていくこととしている。

　この「多様な正社員」の実現に向けては、仕事と生活の両立のための環境整備・均等待遇の実現、ミニマム規制の徹底強化をはじめとする取り組みを進めていくことが重要である。

2-3　CSRの推進

　CSRについては、企業の社会活動への貢献等、経済的あるいは法的な企業責任の範囲だけではなく、企業を取り巻く多様なステークホルダーとの関係に基づく企業責任の在り方へと時代変化とともに変化してきている。

　情報労連では、CRSは企業における法令順守・情報公開はもとより地域貢献を含めた企業外部への価値の創出や労働安全の徹底、あるいは公正な事業運営の追及までも含めたものとしてとらえています。

また、2010年11月には、ISO（国際標準化機構）が組織や企業の社会的責任について新しい国際規格として、ISO26000を発行したことからもCSRの世界的な重要性は高まりを見せています。
　このことからも「暮らしやすい社会」の実現に向けた企業活動についても重要なCSRと位置づけて、多様な生き方の選択し拡大への協力、地域社会への貢献や従業員の社会貢献活動への積極的な支援を求めていくこととしている。

3　社会保障政策

　これまでの社会保障の在り方は相対的に少数であった社会的弱者を対象として、その目的は弱者救済による社会秩序の維持・安定や社会的な労働力の再生産にあったといえます。しかし、近年重視される社会保障の課題は貧困問題もありつつも、国民共通のリスク（高齢者の医療・介護・子育て、失業等）への対応であり、普遍的に個々人に関わる問題として受け止められてきています。
　また、個々人の価値観の多様化が進み、個々人のとっての幸福、安寧、福祉は自明なものとは言えなくなってきています。このことから社会保障の位置づけは、社会的な側面から個人的な側面にその重点が変わりつつあるといえます。
　真に自由な生き方が尊重される社会であるためには、性別や年齢の違い、障がいの有無、貧富の差などにかかわらず「機会の平等」が保障されていることが必要である。情報労連は「ケイパビリティの保障」を社会保障の目的ととらえ、それを実現する制度の構築を目指すことが重要と考える。

4　情報福祉政策

　「暮らしやすい社会」は、「ケイパビリティが保障されている」ことがその必要条件になります。一つには障がい者や高齢者が使いや

すい製品、暮らしやすい街はすべての人にとっても使いやすく、暮らしやすいとの視点から、製品、住宅、社会インフラのデザインを設計するという考え方（ユニバーサルデザイン）がありますが、それを具現化するためにはITが有効であると考えます。二つにはそのようなユニバーサルデザインを推進していくためには、利用者側が積極的に発信していくことが不可欠ですが、サービス分野における消費者主権の発揮や政治（地方自治）の分野における市民参加を促進させるツールとしてITは位置づけられると考えます。

　そこから、ITを個人や社会の幸福等の向上に役立てるための政策の意から、情報労連は今後の暮らしに密接なITをめぐる政策を「情報福祉政策」と定義し、その実現を目指していくことが重要であると考えます。

　情報福祉政策の基本課題は、①個々の暮らし安さを演出すること、②それを実現させるために利用者が生産者や政治に対し発信できる環境の整備、③全国どこからでもアクセスでき、安定的かつ継続的にサービスを利用できるようなブロードバンドインフラの整備と考えます。

　このことから、政策の基本として①ITの利用促進と利用範囲の拡大に向けて、政府の一貫性のある強力な推進体制を確立し、人材育成や利用促進に向けた一層の規制緩和などを進める。②ブロードバンドネットワークを高度化するとともに、サービスの中断等による暮らしへの影響を与えない安定・継続的なサービスの提供を行う。③誰もが簡易にITを利用できる端末操作環境や、どこからでもアクセスできるネットワーク環境の整備と地域等を要因とする格差の解消を目指すこととしています。

5　情報労連　21世紀デザインにもとづく新たな行動

　これまで労働者は、企業内、組織内に閉じたに軸足があり、組織外や地域における活動などには十分な参加・参画ができていなかっ

た状況にあります。この情報労連21世紀デザインに基づく「暮らしやすい社会」に向けては、組織内外の人々と連携・協働を行うことで、社会から期待され、共感される運動を展開することが重要であると考えます。そのためには、「労働組合・組合員自らの行動」を基本に、地域とつながり、地域の活動の幅を広げる取り組みによって、社会から期待され、共感される運動の展開を図っていくこととしています。

このために情報労連として、①組合員（市民）として活動展開への支援、②産別（情報通信・情報サービス）の特性を発揮した活動、③労働組合組織の特性を発揮した活動、④活動ベース（プラットフォーム）の拡大――に向けたとりくみを展開しています。

今後においても、運動の幅の広がりを意識し、この考えに基づく新たな行動を模索していきたいと考えます。

5-1　「明日Earth」活動

情報労連では、この「情報労連21世紀デザイン」を策定後、これまでも行ってきた、環境活動や平和活動などについても、社会から期待され、共感される運動として本21世紀デザインに基づく行動と位置づけ、取り組みを展開してきた。また、このデザインを策定以降新たな行動の一つとして明日知恵塾などの行動に取り組んできている。また、情報労連に集う加盟組合や、地域組織である県協議会（47都道府県に設置）においてもこの考えに基づき取り組みを展開してきていたこともあり、これらの活動の旗印として、2010年の定期全国大会において「明日Earth」活動と新たに命名し、現在も取り組みを展開しているところである。以降特徴的な取り組みについて2点紹介する。

5-2 明日知恵塾

　明日知恵塾は、2006年6月より、教育機関との連携した取り組みとして試行的に開始し、2007年から正式に始めることとなった。

　情報労連は、本デザインを策定して以降、新たな行動として、活動の幅を広げることにより、社会から期待され共感される運動を展開する一環として、NPOや教育機関等の連携について模索していた。そういった中で、当時情報労連政策局長であった杉山氏が、外部の会議において、法政大学の藤村教授との話の中で、近年の就職活動の問題について提起され、産業別の労働組合として何か連携した取り組みができないか検討を行い、教育機関との協働プロジェクトとして、行うこととなった。

　当時の就職活動における問題として挙げられていたのが、就職活動において企業を決める際に、イメージによる情報が大半を占め、その企業で働く人の思いなどの情報がほとんど得られないままに就職を決めている。その結果、入社後に理想と現実のギャップに直面し、やめていく人が後を絶たないことです。以前からこのようなギャップはありました。しかし、明日知恵塾開始当時は、学校のOBやOGを訪問し働く人々の生の声を聴く機会が激減したことが挙げられていました。

　この課題認識に対し、労働組合（労働者の集まり）として何か貢献できることはないかと考え、学生と労働者が働くことについて話し合う場を設けてはどうかと、試行的に始めたのがきっかけで、現在まで続いている取り組みになっています。

　この明日知恵塾の名前ですが、第1回の開催時に参加者から募集し、「明日からにでも使える知恵を付けよう」という意味での明日知恵塾が採用されることとなりました。

　この明日知恵塾は年4回程度の開催を続けており、2006年から2012年7月までの間、26回開催し、学生、社会人をあわせると述べ

約1000名がこれまで参加してきている。参加した学生も当初4校の学生の参加でスタートしたが、これまでの参加は述べ26校の学生が参加してきている。また、社会人側は情報労連に加盟する組合員のみでスタートしてきていたが、第24回からは、損保労連も参加してきており、少しずつではあるが、広がりができつつある。

明日知恵塾は、各回ごとにテーマを設定し、学生と社会人とで小グループを作成し、テーマに沿ってグループディスカッションを行った後に、全体で発表し話し合った内容について共有を行っている。テーマは1年を1つのサイクルにし、近年は「新入社員は会社に入って何が変わるのか」「社会人に必要なコミュニケーション力とは」「仕事でワクワク・ドキドキするときって」、「仕事で失敗したら」の4テーマで行っている。

実際に参加した学生からは、「実際に社会人の方と話す機会は本当に少ないので、色々な話を聞くことができて良かった」「自分の想像していたものを実際の社会人の方のお話を聞いて色々と概念が変わった」などの感想があり、学生にとって有意義と感じていると同時に、社会人からも「学生が仕事に対して、どのような考え方を持っているかが分かって勉強になりました。自分の考え方の整理にもなって良かった」「同グループの社会人参加者、他グループの発表、先生のコメントのすべてに気づき・学びがあり、明日から自身の仕事に活かせるものだった」などの感想があり、学生、社会人の双方にとって有意義な場となっており、今後も引き続き展開していきたいと考える。

5-3　環境一斉行動（NPOとの連携）

情報労連では、これまでも環境活動については全体的なとりくみとして行ってきており、5月から8月を「明日Earth環境キャンペーン月間」に設定し、各種取り組みを行ってきている。とりわけ、2009年からは5月に全国の統一行動日を設定し、47都道府県の協議

会が同一日に環境等の取り組みを全国で展開することとしている。とりくみにあたっては、NPO等との連携も行っている。

2012年は5月26日を統一行動日と設定し、全国で一斉に環境活動等を展開した。

今年は残念ながら、12の県では5月26日の開催には至らなかったものの、行動はすべての都道府県で開催し、5000名を超える組合員とその家族などが参加し、活動を展開してきた。

活動においては、13地域でNPOや市民団体等と連携した取り組みを展開しており、2010年では7地域であったことから、少しではあるが、地域やNPOとの連携も行われてきている。2013年は5月25日を統一行動日に設定し取り組みを行っていく予定としている。

5-4　NTT労働組合の取り組み

情報労連の加盟組合であるNTT労働組合では、21世紀デザイン策定前から、新たな行動の考えを先取りした取り組みを推進してきている。このNTT労働組合の取り組みについて紹介を行う。

NTT労働組合の「前身」である全電通時代から「労働組合の運動として始まり、現在につながる地域に根ざした活動とは何か」と見渡したとき、「社会福祉法人・全電通近畿社会福祉事業団」の諸活動が当てはまるのではないかと考え、紹介することとしたい。

取り組みの沿革については、「図1」のとおりであり、1968年に全電通近畿地方本部が心身障がい者施設建設をめざし「愛のカンパ」に取り組んだ。

当時のお金で「1口1ヶ月50円」という金額は、高額であったものの、2年後の1970年には2,700万円ものカンパが集まり、施設の着工とともに、社会福祉法人としての法人許可を得るに至った。このことは、社会的に価値ある労働運動が「カタチ」となった典型ではないかと考えている。

図1　沿革

1968年	全電通（現NTT労組）近畿の組合員が心身障害者施設建設のため「愛のカンパ」（1口：1ヶ月50円）を開始
1970年	全国の組合員から2700万円のカンパが集まり知的障害児施設の建設に着工 全電通近畿社会福祉事業団の法人許可を得る
1971年	知的障害児施設　淡輪学園「愛の家」開園
1981年	研修施設「八方園」開園
1993年	特別養護老人ホーム「ハートふる須磨」建設着工
1995年	特別養護老人ホーム「ハートふる須磨」開設
1999年	「ハートふる須磨」から「あいハート須磨」に名称変更
2000年	「あいハート南町」デイサービスセンター開設 「愛の家」改築着工
2001年	知的障害者総合福祉施設「愛の家」開設
2002年	知的障害者通所授産施設「工房みさき」建設着工
2003年	知的障害者通所授産施設「工房みさき」開設
2005年	障害福祉サービス事業（グループホーム）開始

【具体的な事業内容】

　第一種社会福祉事業として、特別養護老人ホームをはじめ、知的障がい児施設や障がい者支援施設、知的障がい者授産施設等を行なうとともに、第二種社会福祉事業として、老人デイサービス事業、老人短期入所事業等、さまざまな事業に取り組んでいる。

　以下、施設ごとの具体的な事業内容について紹介することとしたい。

（1）知的障がい者総合福祉施設「愛の家」（図2）

①基本理念

　「愛の家」は、以下の4つの基本理念のもと、事業に取り組んでいる。

ⅰ）　利用者が人間としての尊厳と誇りを持ちながら、豊かな生活がおくれるよう支援します。

ⅱ）　施設から出て、地域で「あたりまえに」暮らすことができるよう経過施設的役割を果たします。

図2

iii） 利用者の経済的、社会的な自立を目指して、労働の保障・就労支援に力をいれます。
iv） 地域に開かれ、地域の人たちとともに歩むことができる施設をめざします。

②知的障がい児施設　きぼう（定員20名）
　心身の健康と基本的生活習慣を確立することにより、生活の自立をめざし、児童から成人まで一貫した個別ケアプログラムでの支援を行なっており、施設、学校、家庭の連携で利用者が知的な障がいを乗り越えて社会で生きる力を身につけ、すこやかに育つよう支援を行なっている。

③知的障がい児更正施設（入所）　かがやき（定員30名）
　10人を1生活グループとして、グループホーム的な運営を行ない、利用者が人権を保障された豊かな生活が送れるよう支援するとともに、地域での自立した生活をめざして基本的生活習慣の確立、家事技術や社会的技術の習得に努めることとしており、グループホームでの自立生活なども展望し、経過施設的な援助を行なうなど、地域での生活を目指すための支援を行なっている。
　また、労働を通して社会参加を推進し、知的な障がいのある人

が、働くことのよろこびや、成人としての自覚と誇りが持てるよう支援するため、施設内での作業、福祉的就労、企業への就労など、ひとりひとりにあった労働の保障・就労の支援を行なっている。

また、「連合」や「大阪障がい者雇用支援ネットワーク」などとのネットワークを生かし、企業の協力をもらい、技能訓練や実習の場の提供、紹介等を行なうなど、毎日の生活を豊かなものにするため、文化、芸術、スポーツ、レクリェーション等、その人にあった活動を見つけ、その充実に努めることとしている。

加えて、ショートステイやレスパイトサービスなどの在宅支援のサービスで障がいのある人やその家族の在宅生活の支援を行なっている。

④知的障がい児更正施設（通所部）　工房たんのわ（定員10名）

在宅で生活している障がいのある人が施設へ通い、日常生活習慣を確立し、自立して社会生活ができるよう支援を行なっており、一人ひとりにあった技能訓練や就労支援を行なっている。

⑤地域交流センター　ひだまり

地域の人たちと知的な障がいのある人たちが日常的にふれあい、理解を深めてもらうとともに、施設運営に地域からも意見等をもらい、開かれた施設を目指すこととしている。

⑥知的障がい者通所授産施設　工房みさき（定員20名）

日々の授産作業を通じて、個別のプログラムに基づく技術の向上、また、将来的な企業就労をも視野に入れ、支援を行なっている。

（2）あいハート須磨（図3）

①特別養護老人ホーム

利用者の持っている能力に応じて、できる限り自立した日常生活が送れるように支援することを目的に、居室や共用施設を使って介護福祉施設サービスを提供している。

②ショートステイ

図3

　在宅で継続した生活が営まれることを目的に、利用者の孤独感の解消や身体機能の維持、冠婚葬祭時等により介護ができない時、介護の精神的・肉体的負担の軽減を図る等の場合に、短期入所生活介護サービスを行なっている。
③デイサービス
　その人が有する能力に応じ、自立した日常生活を営むことができるよう、入浴・排泄・食事等の介助、機能訓練等を行なうとともに、利用者・家族の立場に立ったサービスの提供を行なっている。
④あんしんすこやかセンター
　介護保険法の一部改正に伴い「地域包括支援センター」を神戸市から委託を受け、運営を行なっている。神戸市では、名称を「あんしんすこやかセンター」と統一し、市内75ヶ所の「あんしんすこやかセンター」を設置している。
⑤その他の事業
ⅰ）生きがい対応型デイサービス
　施設外の福祉センター、集会所等を利用し、高齢者（原則65歳以上）を対象にデイサービスの提供を行なっている。
ⅱ）シルバーハイツ生活援助員派遣業務
　高齢者世話付住宅（シルバーハウジング）において、生活援助員の巡回や緊急通報装置等により、緊急事態に対応するとともに、日

常生活における安否確認や生活相談などを行なっている。
ⅲ）見守り推進員
　見守りが必要なひとりぐらしの高齢者などを訪問し、安否の確認や閉じこもり防止のサポートを行ない、ひとりぐらし高齢者などを地域住民間で見守りができるよう、地域コミュニティづくりを支援するため、見守り推進員を「あんしんすこやかセンター」に配置している。

【NTT労働組合としての関わり】
　NTT労働組合では、都道府県単位に「NTT労働組合グループ連絡協議会」を設置し、地域ごとの課題やイベントなど、情報労連の地域組織とともに、NTTグループ内における会社の違いを乗り越えて同じ組合に結集する仲間として、連帯・協力して取り組むとともに、退職者の会や居住している地域を中心に、会員相互の親睦や交流、ボランティア活動などを行なっている。
　「全電通近畿社会福祉事業団」への取り組みについても、「NTT労働組合グループ連絡協議会」と「情報労連大阪地区協議会」を中心に、各施設で開催される行事やイベント等へ組合員がボランティアで参加し、さまざまなサポートを行なっている。（図4参照）
　また、近畿ブロックの5総支部（大阪・兵庫・京都・西本社・テルウェル西日本グループ）が「NTT労組の社会的価値のある労働運動」の一環として、年会費1,200円の「全電通近畿社会福祉事業団後援会」加入活動を行ない、事業団の施設運営に役立てられ、社会福祉事業団での財政面での支えとなっている。
　こうした取り組みにより、情報労連をはじめ、NTTグループ各社の組合員と事業団とのつながりを深め、障がいを持つ方々や高齢者に直接接することで、日本社会が抱える社会的・構造的課題等にも関心を持つ機会となっている。

図 4-1

図 4-2

4 「情報労連 21世紀デザイン」と「新たな行動」

図4-3

【地域とのつながり】
　事業団の活動では、さまざまなイベント・行事を開催しており、地域の小学校や中学校、民生委員やボランティアの方々との交流を行なっている。夕涼み会での模擬店の出展やブラスバンド部の演奏、秋の運動会でのボランティア、餅つき大会など、どのイベントを開催するにも地域の皆さんとのつながりは非常に重要である。
　地域とのつながりを持つことにより、一人ひとりが少しでも社会に適応していくと同時に、その人が持つ潜在能力を引き出すきっかけにもなるのではないかと考える。
　また、高齢に伴いさまざまな事業が発生することも事実であり、地域とのつながりを持っていれば、安全に保護されることも可能となる。
　地域において「施設を作る」ことは、さまざまな条件が必要になってくることから、「ハコモノ」の取り組みを大きく展開していく

ことは困難だと考える。しかしながら、現在運営されているさまざまな施設やNPO等との交流など、労働組合として運動のウイングを広げていくことにより、社会的にも労働組合としての存在感を高めていくことができるのではないだろうか。

5章
地域社会の安心・安全のよりどころとしての郵便局とJP労組の地域貢献活動の取り組み

桐谷　光男　日本郵政グループ労働組合特別中央執行委員
JP総合研究所所長

はじめに

　2007（平成19）年10月1日、郵政事業の民営・分社化が施行され、5年目を迎えている。

　これまで郵便局は、「社会的インフラ」であり、地域社会の安心・安全のよりどころとして、その役割は高く評価されてきた。郵便・貯金・保険の基本的なサービスが全国あまねく提供されるとのユニバーサルサービス確保に全力で取り組んできた。

　しかし、郵政民営・分社化は、日本郵政グループ各社の経営者に対して「収益性」重視という極端な経営を求め、株式上場・株式売却のタイムスケジュールにおわれ、国民の大切な財産である郵政資産の安易な売却、コスト論先行によるサービスの見直しや人件費削減策は、郵政事業の持つ特質であった「地域連携・地域貢献」の視点を喪失してしまった。

　民主党政権誕生とともに郵政民営化見直し論議が浮上し、「郵政改革法案」が民主党政権によって国会審議に付されたが、3内閣6国会という異例の法案の棚上げ状態が続いた。2012（平成24）年4月、当初の「郵政改革法」とは若干異なるが、民自公3党合意に基づき成立した「改正郵政民営化法」で、ふたたび「公益性」と「収益性」の調和が求められることとなり、今改めて「地域連携・地域貢献」の旗手として、郵便局は蘇ることの出来る機会を得ることと

なった。

　一方、郵政の労働組合も、郵政民営化を契機に大きく様変わりしている。「権利の全逓」と評された旧全逓・JPUと、郵政部内で激しく労々紛争を繰り返してきた旧全郵政との組織統合が実現し、「日本郵政グループ労働組合」（JP労組）を誕生させた。

　2007（平成19）年10月22日結成大会にあたっての大会宣言で「日本郵政グループ労働組合は、人間の尊厳と社会正義を基調に、真に組合員の幸せを追求し、すべての郵政関連企業に働く労働者の友愛と自由にして民主的な労働運動を圧倒的な団結によって創造する。そして世界平和を求め、私たちの社会的、経済的地位の向上と、郵政事業の健全な発展と共に地域社会に貢献することを目指すものである。」と宣言し、大同団結して誕生した22万人組織は、単一労組として日本最大の労組となった。現在24万人に組織を拡大している。

　しかし、両組織の持ち味・力量が相乗効果として高まったとは言い難く、やや控えめな「組織の融和・融合」に努めることに邁進してきた。

　このことは、労働組合運動としての「地域連携・地域貢献」の活動を、大きく後退してしまい、組織内に向けた運動が中心となってしまうこととなった。しかしJP労組は、結成大会で「福祉型労働運動」の展開を運動方針の重要な柱に位置づけ、その運動の充実を図る努力を着実に積み上げ、新たな運動展開の基礎作りに取り組んで行く方針も高々とうたっている。

　本稿では、日本郵政グループが再構築を目指す「新たな郵政づくり」の視点と「地域連携・地域貢献」の取り組みを考察すると共に、JP労組の目指す「福祉型労働運動」の取り組みと今後の方向性を考えてみたい。

1　改正郵政民営化法の内容

　郵政民営化によって郵政事業は、民営分社化の弊害を大きく露呈した。グループ会社間の内部調整に時間を要し、スピーディな事業展開や経営管理が難しくなるなど、日本郵政グループが持つ経営力や資源の有効活用など十分発揮することが出来ないでいる。このことは顧客サービスの低下にも繋がった。民営化によって提供されるはずであった「お客様に喜ばれるサービスの拡充」や「新規ビジネス」は実現されていない。

　こうした状況から、郵政民営化見直し論議が進み、民主党による政権交代実現後の2009（平成21）年10月に「郵政改革の基本方針」が閣議決定され、郵政改革が国会論議に供された。しかし法案は、実に2年以上の間、3内閣6国会を経ても成立しないという棚あげ状態が続いた。この間、日本郵政グループの将来像が不確定な中での業務運営となり、新たなビジネスモデルの構築も出来ず、厳しい経営状況に陥るばかりか、職員の士気は低下し「仕事への誇り」や「モチベーションの低下」をもたらし、お客様サービスが著しく低下してしまった。

　ようやく2012年4月27日、政府提出の「郵政改革法」ではなく、民自公三党合意に基づく議員立法のカタチで「郵政民営化法等の一部を改正する等の法律」（改正郵政民営化法）として成立した。

　結果的には、現在の郵政民営化の枠組みを維持しながらも、「収益性」と「公益性」の調和を図るとの郵政事業の責務を再構築し、分社化によりお客さまに不便を掛けてきた部分を改善し、お客さまの生活を総合的にサポートしつつ、事業の発展を目指す方向で決着をみた。

　改正郵政民営化法の主なポイントを上げると以下の3点である。
　第1に、日本郵政グループを現行の5社体制から4社体制にすること。

具体的には、現行の日本郵政株式会社の傘下にある、郵便事業会社と郵便局会社が合併し、新たに「日本郵便株式会社」（郵便局会社を存続会社とする）と変更され、同年10月1日に設立された。

　第2に、ゆうちょ銀行とかんぽ生命保険（金融2社）の株式の売却について、全株式の売却期限なしの努力規定に緩和されたこと。「その全てを処分することを目指す」という努力規定に緩和された。加えて、同株式は、「両社の経営状況や全国一律のユニバーサルサービスへの影響を勘案しつつ、できる限り早期に、処分するものとする」として日本郵政の経営判断に委ねられた。したがって、株主総会で拒否権発動が可能な「3分の1超保有」することも可能となっている。

　第3に、日本郵政株式会社と「日本郵便株式会社」に、郵便業務及び貯金・保険の基本的サービスを、郵便局で一体的に提供する責務を課したこと（いわゆる、ユニバーサルサービスの義務付け）。同時に、「社会・地域貢献基金」（日本郵政株式会社法第13条）に係る制度は廃止され、日本郵政と新たに誕生する日本郵便の両者にユニバーサルサービスの責務を課すとともに、ユニバーサルサービス・コストは両社が負担することとされた。

2　日本郵政グループの役割

　郵便業務ならびに貯金・保険の基本的サービスを、郵便局で一体的に提供する責務を課すというユニバーサルサービスが、明確に郵政3事業に拡大されたことなどから、日本郵政グループ各社に「収益性」にあわせて「公益性」も強く求められることとなった。地域社会にあって有人の店舗が存在し、郵政三事業が提供すること、すなわち、地域社会に希望と安心を与えることの出来る公的な役割を果たす郵便局の存在は重要な位置づけとなったといえる。

　更に、法案採択の際の衆議院特別委員会、参議院総務委員会の附帯決議で、「①郵便局ネットワークについて、利用者ニーズを踏ま

え、地方公共団体からの委託等を通じ、地域住民の利便の増進に資する業務を幅広く行うための拠点として、より積極的に活用されるよう努めること。②簡易郵便局が今後とも、過疎地、離島等におけるサービスの提供に重要な役割を果たし、ユニバーサルサービスの一翼を担っていくことに鑑み、簡易郵便局の置局状況を適切に把握するとともに、置局水準を現行法より後退させることのないよう、必要な措置を講ずること。」などと附帯決議がされたことも新たな責務として対応が求められる。

　地域に根ざして存在する社会的共通資本としての「郵便局ネットワーク」が、資源としてどのように活用させることができるのか、日本郵政グループとしての果たすべき役割は重要性を持っているといえる。

3　「総合生活支援企業グループ」としての日本郵政

　日本郵政グループの発展を目指す経営指針「郵政グループビジョン2021」が発表されたが、その基本は、かつての国営事業を、お客さまのライフサイクルに密着したサービスを行う競争力ある民間企業として脱皮させ、「総合的に生活を支援していく企業グループ」（「総合生活支援企業グループ」）として再生していくことを目指すとしている。

　この将来ビジョンを実現していくためには、真にお客さまのニーズにあった商品・サービスを考え、効率よく提供することにより、社会から必要とされる存在であり続けることが重要だといえる。そのことが、民間企業として一定の利益を確保することにも繋がらなければならない。

　日本郵政グループは、三事業の的確な業務運営、営業努力により、健全な経営の確保が求められるとともに、グループの各社の経営資源を活かし、グループ全体での総合力を発揮していくこと、そして民間企業としての経営の自由度を最大限に発揮する中で、お客

さまから望まれる郵政三事業のユニバーサルサービスの充実した提供を目指していくことが求められる。

　今の日本社会は、地方の限界集落といわれる高齢化する過疎地域、都市部の団地などの高齢独居者の存在など、社会福祉の面からも見守り続けられなければならない重要な課題を抱えている。地域社会の中で、有人の公共的機関が激減する中で、残りづけている郵便局の果たすべき、「安心・安全のよりどころ」との役割は、その意味するところは重いといえる。

　日々、村々を郵便配達で巡回する郵便配達の社員の存在、ほぼ小学校の数に匹敵する数だけ存在する、24500もの郵便局の存在は、地域社会において大変力強い存在である。日本郵政グループ各社には、こうした組織、人材など資源を、有効活用して「地域連携・地域貢献」の社会的な役割の中心的存在として活躍することが求められる。

　日本郵政グループ各社が展開している「地域連携・地域貢献」の主な取り組みを紹介すると、地域産業の支援（ふるさと小包、ゆうちょ資金・かんぽ資金を地方に供給）、地域とのつながり（郵優お買い物サービス、見守りサービス）、行政・安心の支援（ワンストップ行政サービス、ひまわりサービス）、防災・防犯の支援（行政との防災協定）、被災者の支援、総合的な社会支援、社会福祉の増進、その他（ゆうちょボランティア貯金、JPの森づくり、子どもの森づくり、）などがある。

　今回の改正郵政民営化法の成立、施行を受けて、日本郵政グループに対する期待は大きなものとなっており、今後、新たに地域社会の求めに応えるサービスの開発など、グループ各社が個別に対応するのではなく、グループ一体として提供することが可能なサービスの模索も求められる。特にサービスの具体化にあたっては、グループのみの発想でなく、NPO, 地域、行政に対して何ができるかを提起して共同して実行することが求められる。また、これらの施策が、単発的なものでなく継続かつ複合してサービスが提供されるこ

とが期待されている。

4　JP労組の誕生と「福祉型労働運動」の取り組み

　2007（平成19）年10月22日、日本郵政公社労働組合（JPU・全逓）と全日本郵政労働組合（全郵政）はともに組織解散を行い、統合組織として、日本郵政グループ労働組合（JP労組）を結成した。誕生した新組織は22万人の組合員を結集し、日本郵政グループ関連会社・団体を取りまとめる単一労組として誕生、単組としては日本最大の労組となっている。非正規社員の組織化などに取り組み、現在は24万人組織に拡大している。

　「日本郵政グループ労働組合は、人間の尊厳と社会正義を基調に、真に組合員の幸せを追求し、すべての郵政関連企業に働く労働者の友愛と自由にして民主的な労働運動を圧倒的な団結によって創造する。そして世界平和を求め、私たちの社会的、経済的地位の向上と、郵政事業の健全な発展と共に地域社会に貢献することを目指すものである。」と結成宣言を発表し、「地域貢献」を重要な取り組みとして謳っている。

　組織結成から5年、しかし、新組織結成で「地域貢献」活動が進展したかというと、旧組織の持ち味・力量が相乗効果として高まったとは言い難く、やや控えめな「組織の融和・融合」に努めるという「内向きな」活動に終始してしまったといえよう。このことは、労働組合としての「地域連携・地域貢献」の活動を、大きく後退させ、組織内に向けた運動が中心となってしまうこととなった。

　しかしJP労組は、結成大会で「福祉型労働運動」の展開を運動方針の重要な柱に位置づけ、その運動の充実を図る努力を着実に積み上げ、新たな運動展開の基礎作りに取り組んで行く方針も高々とうたっている。

5 福祉型労働運動の意義と基本的な考え方

　第1回定期全国大会において、初代中央執行委員長は、「労働組合の社会的責任を果たすため、少子高齢社会を意識し、郵政事業24,700局のネットワークと全国に張り巡らされたシステムを活用し（略）、労使が一体となった社会貢献、OBを含め世代を超えた助け合いができるよう提案していきたい」との考えを表明した。こうした経過を受け本部では、JP総合研究所の調査研究ともタイアップし、「福祉型労働運動」構想の具体化を検討してきた。

5-1 福祉型労働運動の意義

　福祉型労働運動の構築は、直接的にはJP労組が提起した「中期指針」で示された「改革者の視点」にスポットをあてた運動課題です。「中期指針」では、「生活者・消費者の視点から、街づくりや地域社会の改善に取り組むとともに情報発信の役割を果たすなど、生き生きと暮らす社会の創造に貢献します」と述べています。JP労組が有している資源をもとに、社会全体に対して、そして地域に対して何ができるかを考え、かつ、その実現に向けて活動を行っていくことが求められています。

　加えて、福祉型労働運動の構築は、「労働組合の視点」や「事業人としての視点」からみても意義ある取り組みです。企業別労働組合として組合活動の中心が雇用や労働条件などに関する労使交渉に置かれるのは当然ですが、それだけでは組合員の生活条件を満たすことはできません。真の意味で組合員の幸せを実現するには、働く場（職場）と生活する場（家庭を含む地域）での両サイドから、安心・安全なシステムを構築する必要があります。

5-2 運動構築に向けた基本的な考え方

　福祉型労働運動は、JP労組が展開する組合員の相互扶助活動であり、かつ、地域社会に貢献するボランティア活動です。具体的には、次の３つの視点を基本に置いて新たな運動モデルの構築をめざしている。
　ア　組合員22万人余のエネルギーと全国ネットワークの強みを活かす。
　イ　企業内組合の枠を超えて地域やNPO等との協働による社会貢献活動を志向する。
　ウ　社会性をもった運動によって地域コミュニティーの崩壊を防ぎ、かつ、郵便局ネットワークの存立基盤を支える。

6 福祉型労働運動の展開イメージ

　前項で掲げた基本的な考え方に立って福祉型労働運動を具体的にイメージすると、おおむね以下のような運動モデルを想定することができる。なお、これらはあくまでも現段階のイメージであり、今後の詳細検討のなかで地域におけるJP労組の活動実態や組合員の意識状況、さらには地域のニーズ等との精査を行い、実現可能性のある制度設計を行っていく。

6-1 運動の名称「JP愛ネット運動（仮称）」とする。

6-2 活動母体

　ア　相互扶助活動、地域福祉活動を行うことを目的に、全国ネットワーク型NPO法人の設立をめざす。会員はJP労組組合員、

家族およびOBを中心に構成し、将来的には趣旨に賛同する地域住民の参加を追求する。
イ　設立までの間は、地域ごとに活動を推進し対応する。
ウ　JP労組および共済組織等が協賛団体として参画する。

6-3　活動内容

ア　地域福祉の向上に資する活動として、介護保険等公的保障が及ばない分野での福祉サービス（高齢者の生活支援、見守り、居場所づくり、子育て支援など）の提供。
イ　社会貢献活動として、環境保全、国際貢献、地域活性化支援、労働相談など。
ウ　その他、地域福祉および共生社会推進に関する啓発活動や政策提言活動など。

6-4　運営方法

ア　一定のエリアごとに地域拠点を設けるとともに、それらを全国ネットで結ぶための中間事務所および全国事務所を設置する。
イ　会員間の福祉サービスを相互に交換し合うシステムとして時間預託制度（ボランティア通貨）の導入を検討する。

6-5　財政運営

活動のための費用は、会費および寄付金（JP労組、共済組織、協賛企業・団体等）、事業収入（セミナーや出版活動等）等によってまかなう。

7　今日までの取り組みと今後の進め方

　福祉型労働運動は、企業内の枠を超えて地域社会や地域福祉への貢献を主な活動目的とする新たな運動展開であり、それだけに運動推進にあたってはJP労組内の体制整備のみならず、退職者組織や日本郵政グループ各社、他の福祉関係団体などとの事前の調整や協力関係の構築が不可欠です。したがって、あらかじめ時間軸を設定しながら、順次環境整備をはかりながら進めていくこととなる。

7-1　これまでの取り組み経過

　第1回定期全国大会における、福祉型労働運動の創造に向けた方針提起を受け、2008年8月から本部内に設置した「福祉型労働運動のあり方に関する調査研究会」による2年間の研究結果を、「福祉型労働運動への提言」として取りまとめるとともに、2010年2月からは「福祉型労働運動検討PT」によるアンケートの実施・分析に取り組んだうえで、「福祉型労働運動モデル支部」を各地方で選出する等、具体的推進に向けた取り組みを進めてきた。

　2011年度からは、「モデル支部」を倍増させ、本格展開に向け、活動の組織全体への浸透を図ってきた。3.11東日本大震災を契機に、組織を挙げた「心ひとつに運動」の展開に合わせた各種のボランティアの実践が、運動の盛り上がりを支えた。

〈主な支部の取り組み〉
○地域社会福祉協議会のイベントにボランティア参加（北海道・中国）
○カーブミラー、無人駅、緑地の清掃ボランティア（東北・関東・九州）
○養護学校・養護施設への慰問活動（南関東・信越）
○障がい者施設のイベント支援（東京）

○休耕地の再生と交流（近畿）
　○ポストのある風景写真展と24時間ソフト大会チャリチイ（四国）
　○小学生との手作りポストを高齢者宅に贈呈（沖縄）

（2）2012年度からの取り組み
　これまでの助走期間としての「モデル支部方式」をさらに発展させ、本年度より福祉型労働運動の本格展開を開始することとしている。
　すべての支部活動において、福祉型労働運動を定着させるために、「福祉型労働運動に関する行動指針」（別添資料）と、より実践に向けた「活動マニュアル」（現在作成中）を活用し、活動のステップに対応した取り組みを進めることを組織決定して、自ら実践できる活動に着手することとしている。
　なお、福祉型労働運動の本格展開にあたり、理念と取り組み等を組合員一人ひとりが理解しやすいネーミングを設定し、定着を目指すほか、本部内の常設委員会を「福祉型労働運動推進PT」と名称変更して、全国各地における運動の推進を図ることとしています。

（3）新たなネーミングとキャラクター

　福祉型労働運動の定着と推進を図るため、組合員からの公募によって、新たなネーミングとキャラクターを決定した。
　〈ネーミング　「JP smile プロジェクト」〉

ⓢ sympathy（シンパシー・共感）ⓜ make（メイク・つくる）ⓘ idea（アイデア）ⓛ love（ラブ・愛）ⓔ emotion（エモーション・感動）

〈イメージキャラクター 「ふくろーくん」〉

ふくろうは「幸せの象徴」とも言われ、大きく回転する首を持ち、「視野が広く」、また、「知の象徴」ともされている。

福祉型労働運動が求める「幸せ」と、運動を進めるうえで必要な「視野」「知恵」を示す意味を持つものとして、ふくろうをイメージキャラクターに採用した。「福祉型のふく、労働運動のろう」も掛け合わせたもの。

まとめ

2012年4月、改正郵政民営化法により、日本郵政グループには、ふたたび「公益性と収益性の調和」が求められることとなった。

日本郵政グループは「総合生活支援企業グループ」として、地域産業の支援、地域とのつながり、行政・安心の支援、防災・防犯の支援、被災者の支援、総合的な社会支援、社会福祉の増進、その他（ゆうちょボランティア貯金、JPの森づくり、子どもの森づくり）などの「社会貢献」の取り組みを企業グループのビジョンとして明

確な位置付けを行っている。

　日本郵政グループの労働組合・JP労組も、2007年結成大会の「福祉型労働運動」や「地域連携・地域貢献」の活動がより重要な運動の柱として、改めて運動課題となってきている。

　JP労組の福祉型労働運動の意義として、「生活者・消費者の視点から、まちづくりや地域社会の改善に取り組むとともに、情報発信の役割を果たすなど、生き生きと暮らす社会の創造に貢献する」と位置付けて、その実践に動き出した。

　今後JP労組に求められるのは、働く場（職場）と生活する場（家庭を含む地域）での両サイドから、安全・安心なシステムを構築することである。

　具体的には、①24万組合員のエネルギーと全国ネットの強みを生かすこと、②企業内組合の枠を越えて、地域やNPOとの協働による社会貢献を志向すること、③社会性を持った運動により、地域コミュニティーの崩壊を防ぎ、かつ郵便局ネットワークの存立基盤を支えることを目指すことが求められる。現段階の取り組みは、組合員をこの運動にどう巻き込んでいくかの段階であり、この運動の浸透と理解を早期に深め、本格的な取り組みに発展させていくことが求められる。

　自らの組織の外部にある社会に貢献するのではなく、生活の場と公共の場が結びつくことで生まれる「生き生きと暮らす社会の創造」を目指していくことである。

　その具体化のために何ができるかを、組合員、NPO、地域、行政、郵政グループ各社に提起し、その内容が、NPO、地域社会、行政にとっても同様な意義を持ち、かつ承認されたうえで、協働できるようなプロジェクトを目指していくべきである。

〈参考資料・行動指針〉
「福祉型労働運動」の理念と行動指針（抜粋）

Ⅰ 「福祉型労働運動」の理念・目的
　「福祉型労働運動」はJP労組発足以来の理念を具現化する運動であり、JP労組、そして組合員の豊かな未来を切り拓く、"新たな絆＆ふれあい社会"創造のための運動の総称である。

〔『福祉型労働運動』の３つの目的〕
1．地域に密着したJP労組、全国ネットワークを構築するJP労組が行う、地域・国・地球に貢献する社会的労働運動である。
　（＝改革者としての視点）
2．労働者であると同時に、生活者、市民としての側面がある組合員の暮らし、市民生活を支える、組合員のためのトータルな労働組合運動である。
　（＝労働組合としての視点）
3．郵政事業の存立基盤である地域社会を再生するための取り組みであり、そのことで組合員の雇用を守り・創り出すための運動である。
　（＝事業人としての視点）

Ⅱ 「福祉型労働運動」を進める視点
　「福祉型労働運動」はJP労組の特性を活かした社会的な運動であり、運動を進める上で次の３つの視点を持つことが重要である。

〔『福祉型労働運動』を進めるための３つの視点〕
1．地域に密着していることの強みを活かしたボトムアップ型の運動、全国ネットワーク＆24万強のマンパワーを活かした取り組みを。
（１）　JP労組は地域地域に拠点を持っており、地域をよく知って

いる労働組合である。全国画一的な運動ではなく、個々の地域社会のニーズに対応した課題を抽出しながら、自分たちにできることを具体化していくことが重要である。
（2） JP労組は全国にネットワークを持つ、民間最大の労働組合である。日常的な運動は拠点ごとに対応することを基本にしながらも、それらをつなぐ仕組みづくり、また全国規模での運動の展開が重要である。

2．労働組合の特性を活かしながら地域の公的セクター、連合・労働組合、NPO等との協働を推進。閉ざされた労働組合運動から社会に開かれた労働組合運動に。
（1） 地域社会は、JP労組の他にさまざまな公的セクター、民間セクター等で構成される。地域社会に貢献するにあたっては、行政や社会福祉協議会、連合・労働組合、NPO等との協働を推進することが重要である。
（2） 労働組合には、人的財産や運動で培ってきた知識や経験、スキルが存在する。運動を進める上では、それらの特性を活かしながら、各社会的セクターとの協働を進めていく必要がある。

3．福祉型労働運動は自分、家族、仲間のための助け合いであり、人と人とがつながることができる社会を創る運動であることを意識する。
　人に優しい社会、人と人とがつながれる社会を創る運動は、他者のために行う活動であるとともに、自己実現や自分自身を豊かにする取り組みである。また、家族や職場の仲間のさまざまな不安や悩みに応えるための運動でもあり、運動に参画するにあたっては、主役意識を持って前向きな姿勢で臨むことが重要である。

Ⅲ　「福祉型労働運動」の行動指針
1．支部の取り組み／全機関・1 Action

（1） 2012年度から、各支部の実情に合わせて「福祉型労働運動」の理念にマッチした活動を企画・実践する（『JP労組エコ運動』『one for all, all for one 運動』を発展的に統合）。
（2） 支部内に「福祉型労働運動」を推進する担当者を置いて、運動の推進体制を強化する。
〔想定される活動テーマ〕
　ア　高齢者・障がい者福祉に貢献する活動
　イ　子育て、子どもの成長に関する貢献活動
　ウ　健康・医療、安心・安全に貢献する活動
　エ　雇用改善、働く人の支援に関する活動
　オ　地域おこし、経済の活性化に貢献する活動
　カ　郵政事業の特性を活かした地域貢献活動
　キ　自然災害からの復興・復旧に貢献する運動
　ク　環境問題、自然環境美化に関する活動
　ケ　文化・芸術・スポーツを通した貢献活動
　コ　途上国支援等の国際ボランティア活動
　サ　組合員間の相互扶助と学びの場づくり
　（ア）　子育てや介護に関する体験交流・悩み相談
　（イ）　心や体の健康に関する体験交流・悩み相談
　（ウ）　福祉型労働運動、共生社会に関する学習会
　（エ）　機関紙・HPを活用した広報活動の推進　等

２．地方本部の取り組み
（1）　支部の活動支援・集約
（2）　福祉型労働運動の浸透・推進

３．中央本部の取り組み
（1）地方機関の活動支援・人材の育成
　ア　本部内「福祉型労働運動検討PT」を発展させ、「福祉型労働運動推進PT」に改組して運動の推進と豊富化を図る。

イ 「福祉型労働運動」を具体的にどのように進めていけばいいか、なかなかイメージがつかめない機関、組合員のために、全国の活動事例を紹介するとともに、計画の立案や実践方法をわかりやすく解説したマニュアルを作成する。

ウ 地方本部の「福祉型労働運動」推進担当者等を対象にした会議・セミナー等を開催する。

エ 各機関で実践する取り組み状況を集約するとともに、機関紙・HP等を活用して情報の発信と担当者の連携を図る（機関紙・HP内に特設コーナー・サイトを設ける等）。

（2） 福祉型労働運動の理念の浸透・啓発

ア 各地方機関が実践する活動をとりまとめた「年次レポート」を発刊し、広く社会に発信する。

イ 「福祉型労働運動」がめざす地域福祉や共生社会推進に関する理念を社会に浸透させるために、2年に1回程度、組織内外の人を集めたシンポジウム、フォーラムを開催する。

ウ JP総研と協働して福祉型労働運動の充実・豊富化を図るための研究活動を実施する。

6章
電機連合の事例紹介―電機産業職業アカデミーと障がい福祉委員会の施設運営

住川　健　電機連合産業政策部長

1　電機連合の組織実態

　まず、地域ということでは、電機連合には全国37地域に協議会がある。基本的には都道府県名を頭に付けた○○地方協議会という名称としているが、規模が一定数に達していない場合には、一つの県で1地方協議会にはならないため、全部で37となっている。基本的には地域の活動はこの地方協議会を地域拠点として取り組んでいる。

　2011年7月の第59回定期大会時点での、電機連合全体の加盟組織数・構成組合数・組合員数は以下の通りである。加盟組織数216、構成組合数666、組合員数599,296人。複数の労働組合が連合体として電機連合に加盟している場合、その連合体を加盟組織、連合体を構成する労働組合を構成組合と呼んでいる。例えば、日立であれば日立グループ連合という1つの連合体として電機連合に加盟をしていて、その日立グループ連合は50を越える労働組合から構成されている。

　また、若干小規模で、ある地域での活動が中心という組織は、本部直加盟ではなくて、前述の37の地域拠点の地方協議会に直接加盟しているという組織も61ある。

2 事例紹介

2-1 電機産業職業アカデミー

　電機産業職業アカデミーについて紹介する。本部が主体となって電機連合全体で取り組んでいる。

　2001年のITバブル崩壊以降、グローバル化はスピードを上げて進行し、国内外での競争が激化するなかで、電機企業の業績は著しく悪化した。企業は生き残りをかけて、生産の海外シフトや新たな成長分野へ選択と集中を図るなど、かつてない事業構造改革を行い、そのことは、働く組合員にも大きな影響を与えることになった。職種転換や変化に対応しうる高度な職業能力等が求められることになったからである。

　かつての右肩上がりの経済状況下にあっては、企業が時間とコストをかけ、長期的な計画のもとに個人の職業能力を向上するための教育訓練を行ったので、個人は、終身雇用のもとで、働いていれば、ある意味自動的に職業能力の開発・キャリア形成ができた。しかし、大手企業さえも倒産するということが現実となり、さらには、成果主義の考え方が導入されて、終身雇用や年功序列といった、いわゆる日本型雇用システムの維持が難しくなるという状況となったのである。

　この様に個人を取り巻く環境は大きく変わり、個人自らが主体的に職業能力のみならず広い意味のキャリア開発（電機連合が行うキャリア開発推進者養成研修では、「仕事」を職業としての仕事（Job）と、職業以外に一定の役割を担って行っている活動（Work）《例：PTA役員、地域市民活動、少年野球・サッカーチームの監督やコーチなど》も仕事と捉えている）をしなければならない時代となった。また、自分らしく生きる、やりがい・働きがいを

持って仕事をするという観点からも、キャリア開発の重要性が増すこととなった。

　そこで電機連合は、今後も労働条件の改善は労働運動の大きな柱であることに変わりはないものの、時代が大きく変化する中で、組合員一人ひとりのキャリア開発を支援することが、「守りの雇用確保・保障」から「攻めの雇用確保・保障」へ舵を切る、言わば、新たな領域の労働運動へ踏み出すことを意味し、社会的にも意義のあることだと考えたのである。

　こうした背景のもとに『電機産業職業アカデミー』を設立し、2003年10月に稼働を開始した。具体的には、①キャリア電話相談、②大手企業研修講座の受講、③キャリア開発推進者の養成—という３つの仕組みを構築して組合員を支援し、今日に至っている。

　なお、春季総合労働条件改善闘争においてもキャリア開発支援に取り組んできており、2004年闘争では、「キャリア開発支援のための労使協議の場の設置」を要求し、合意妥結し、2008年以降の闘争では制度面の支援を要求項目に掲げて取り組んできた。

　以降、具体的な３つの取り組みについて紹介する。一つ目は、職業能力開発キャリア形成の相談への対応として、外部の力を活用し、キャリアカウンセリングという位置付けで、無料の電話相談と有料の面談を実施している。電話相談は毎週水曜日の夕刻に３時間実施しており、実績は平均で週１件前後である。

　二つ目は、職業能力開発向上の研修講座を提供するという位置付けで、中堅・中小の労働組合の方々を主なターゲットと考えて、大手の電機連合加盟組合企業の研修講座を公開している。状況によってはオーダーメイドも可。大手のところで協力してくれる企業を登録し、中堅・中小の労働組合企業の方々に使って頂こうという取り組みである。

　最後の三つ目が、キャリア開発推進者の養成である。自分自身のキャリアをどうしていきますかという研修を、それぞれの構成組織の中で自分たちにできるようにするための推進者を養成する研修

を、電機本部で、全国7ブロックで年1回ずつ開催してきている。

2-2　障がい福祉委員会の活動

　前述の電機産業職業アカデミーは、電機連合全体としての取り組みであるが、本障がい福祉委員会は電機連合神奈川地方協議会独自の活動である。

「電機連合神奈川地協」と「障がい福祉委員会」
　前述の通り電機連合には全国37地域に協議会があり、そのうちのひとつで川崎に拠点を持つ地域組織が電機連合神奈川地方協議会（以下、神奈川地協）である。
　そもそも、なぜ神奈川地協がこの様な活動をしているのかということから話をする。障害福祉活動は1972年、今からさかのぼること40年前にスタートした。
　とある組合員から、「自分の子供が障害を持っています。知的障害を持って生まれてきた。その障がい者に対して組合として何かフォローしてもらうことはできないか。」という訴え、要望が入った。
　1972年当時の知的障害者への対応はどうだったかというと、表現は良くないが一言で言えば世間からは隔離、一般の人とは違う方針で進められていて、学校を卒業したら施設に入って一生過ごすというイメージがまだまだ強かった。障がい者が町に出て活動するなどとはこれっぽっちも考えられていない時代だった。その様な時代背景の中、組合として何か動いてもらえないかという組合員の一言が大きなきっかけとなった。
　また、この時期に、同じく神奈川県にあるとある福祉団体から、「労働運動としてこういう活動を取り上げてくれないか」ということで、同じような呼びかけがあり、だとしたら電機連合としてやろうではないかということで、1人でも多くの障がい者の社会自立を労働の立場から展開するという理念のもと、障がい福祉委員会とい

う専門の委員会を1972年に立ち上げて、以後40年間活動を続けている。

障がい福祉活動の変遷

ではこの40年間何をやってきたのか、障がい福祉活動の変遷であるが、1970年代から現在に至るまで、大きく3つの柱で活動をしてきている。

『障がい』の社会への啓発
1970〜80年代
・障がい福祉委員会の設立
・車いす訪中団の結成
・「街は育っているか」一万人集会
・沖縄ふれ愛の旅の実施（現在も継続中）

障がい者の社会自立へ向けて
1990年代
・交通アクセス集会
・社会福祉法人『電機神奈川福祉センター』の設立（20周年事業）
・加盟組織への、特例子会社設立へ向けた働きかけ
・障がい者雇用の裾野拡大を目指したセミナーの開催

障がいに関する新たな課題に向けて
2000年以降
・21世紀プランの策定
・特別支援学校2年生の企業体験実習の受け入れ
・高齢者介護に関する相談事業の開始
・次世代を担う組合員への周知活動
・中期活動計画の立案

1970〜80年代は『「障がい」の社会への啓発』、そして1990年代は『障がい者の社会自立へ向けて』、そして2000年以降の現在は『障がいに関する新たな課題に向けて』という柱であるが、一人の組合員からの要望に端を発しており、そのお子さんの成長をモデルに、それぞれ成長の段階で何ができるかということを踏まえて活動を続けてきた。

前述の通り、知的障害を持っている人が社会に出ることは考えられなかったという時代からスタートであり、まずは障がい者はこういう人達ですよということをもっと社会に知ってもらおうという、社会への啓発から取り組んだ。

例えば、知的障害者ではないが、車いす訪中団の結成。車いすを使っている身体障害者の方を集めて、組合員といっしょに中国に行って植林活動を行った。そして、「街は育っているか」一万人集会。これは知的障害者の方、車いすの方を1万人、横浜の公園に集めてデモ行進をしながら、バリアフリーの導入や障がい者に優しいまちづくりができているのかを確認することを通して社会に対する啓発を進めてきた。
　また、当時は保育園や幼稚園に障がい者が入るということは全く考えられなかった時代であり、行政に対して幼稚園に入れさせて欲しい、保育園に入れさせてくれという申し立ても幾度となく行ってきた。
　この様な活動を通して、とにかく障がい者をもっと知ってもらおうという活動を中心にやってきたのが1970～80年代である。
　1990年代は、要望を出された組合員のお子さんも中学生、高校生くらいに成長してきた時代である。中学校まではまだよかったのだが、高校生になるには基本的には受験がある。養護学校では問題ないのだが、障害を持っている人が一般の高校に行きたいという時に、高校側としては受け入れられない。そこを何とかできないかと、高校受験の際に組合員をボランティアとして同行させていただき、一緒に受験をするという活動をして学校側に、こういう人でも入れるのですよと、車いすを使っている方でも入れるのですよという活動をしてきた。
　そして、障がい者は高校を卒業したら施設に入るのが常だった時代、「本当にそれで障がい者は社会自立できるのか。施設に入ってそのまま暮らすということは本当に幸せなのか」ということを考えた。障がいを持っていようといまいと社会自立を目指すということ、立ち返って社会自立とは何だということも含めて労働組合で議論をし、「やはり働ける人は社会に出て働いて給料を稼いで、税金を納めてきちっとした生活を送る、これが社会自立だ。」だとしたら働ける障がい者はどんどん就労して就職を目指して働いてもらっ

て自立を目指していこうではないかという取り組みを1990年代に始めた。

　就労にもっと取り組んでいく必要がある。どうしたら障がい者が就労するように育てることができるのだろうか？に対して、専門機関をつくって取り組もうの具体的な活動として1995年に電機神奈川福祉センターを設立した。

　以降は、障がい者の雇用の裾野を広げるべく様々な働きかけを行ったり、2000年代に入ると「障がいに関する新たな課題に向けて」ということで、私的だけではなく、例えばメンタルヘルスや発達障害といわれている分野で、労働組合としてどの様な活動ができるのかを模索しているのが現状である。

　加えて、高齢者の介護の問題も出てきていますので、障がい者に限らず高齢者の介護に関する課題も相談の窓口として受けるという活動まで進めている。

「障がい福祉委員会」の組織

　委員会は三役5名・委員7名の12名で構成している。委員長・副委員長・事務局長・一般委員の5名、計8名を、電機連合加盟の労働組合の委員長が担っており、産別内の横のつながりを重視した組織としている。

「障がい福祉委員会の主な活動」

　障がい福祉委員会では、大きく3つの柱をベースに活動を展開している。

　一つ目の柱が、福祉に関する相談を受ける活動。自身が実際に障がいを持っている組合員、或いは障がいを持つ家族がいる方から福祉に関する様々な相談を受けている。加えて高齢者に関して、例えばこれから自分の親を介護することになるが、どんなサービスがあるのか、日常の相談はどこにすれば良いのかなどの相談に応じている。また、直接組合事務所に伺い、福祉相談窓口を開設して、相談

対応するという活動も行っている。
　二つ目の柱が、組合員の福祉への理解を深める活動。一人でも多くの組合員に福祉を知ってもらうために、ボランティア活動の実施、認知症サポーター要請講座の開設、手話入門講座の開設などを行っている。また前述した1995年設立の社会福祉法人電機神奈川福祉センターを見学することにより福祉というものを知ってもらうという活動も行っている。
　三つ目の柱が、障がい者の社会自立や雇用を促す活動。特に特徴的な活動が後述する「ふれ愛の旅」。そして、特別支援学校高等部2年生の職場体験実習も行っている。

障がい者の自立や雇用を促す活動
　障がい者の社会自立や雇用を促す活動の中で、現在メインの活動として年1回行っている「ふれ愛の旅」。これは、車いすに乗っている方、知的障害の方関係無く、地域の障がいを持っている方を2泊3日の旅行にお連れするという活動である。大阪のユニバーサルスタジオジャパンや沖縄、伊豆七島など行き先は様々である。
　障がいを持たれている方のフォローをするのは、全て組合員で、2泊3日の無料でのボランティア活動である。2泊3日、ボランティアとして24時間つきっきりでフォローする旅を通して、障がい者と組合員の距離を少しでも縮めることができればという想いを込めた活動である。
　また、みかん狩りに障がい者を招待したり、障害者雇用企業促進セミナーへの協賛も行っている。

組合員の福祉への理解を深める活動
　組合員にもっと福祉への理解を深めてほしいということで、2つの大きな活動をしている。
　一つは色々なボランティア講座・活動への参加、企画ということと、もうひとつはティッシュペーパーカンパ活動である。

ボランティア講座には、障がい者の疑似体験を始めとしていくつかある。例えば、車いすを持参し、労働組合や労働組合が企画する研修会に伺い、講演する。その後、講座受講者が実際に車いすに乗り、エレベーターを使用したり、実際の建物の各種設備の使用を体験する。あるいは高齢者疑似体験グッズを使って高齢者はこんなに歩くのが大変なんですよということを体験しながら知ってもらうなど、こういう体験講座を企画・運営している。
　あとは、手話入門講座。実際に聾唖者の方々で講師の資格を持っている方を招き、英会話のような形で全10回くらいのコースで手話の基本的な部分を習得し、職場の中にいる聾唖者の方々とも、少しでも挨拶ができるようにという思いも込めて取り組んでいる。
　また、これから高齢化社会になっていく中で大きな課題のひとつである認知症へのサポートを意図し、認知症に関する知識をいまのうちから深めるための認知症サポーター養成講座を厚生労働省からの受託事業として行っている。例えば、組合員がカツラをかぶってエプロンをして認知症の方の役として「あなたお財布盗ったでしょう、どこへやったの」というように寸劇をやりながら、実際にどんな対応をしていけばよいかを楽しく学んでいける環境を提供している。

障がい福祉活動はなぜカンパ金運営なの？

　障がい福祉活動は1972年から40年間続けてきているが、ここで根本的な話として、この運営にかかるお金はどこから出しているのかということがある。
　実は労働運動として始めたものの、やはり組合員にとって直接的な関わりがそれ程多くは感じられない活動であり、組合費を使うことには少なからぬ反発があった。組合費を直接活動資金にあてるというのは違うだろうと。自分たちを差し置いてなぜ障がい者にそんなに厚く手をさしのべるのか。もっと自分たちに対しても様々な活動をやってくれというのが多かった。

障がい福祉活動は なぜカンパ金運営なの？

障がい福祉活動は、労働運動の一貫として活動をスタートしましたが、**組合員へ直接的な関わりが少ない部分が色濃いため、組合費を活動資金に充てることが出来ません。**そこで、活動に理解してくれる組合員からのカンパ金を活動資金としました。

活動への理解＝カンパ

神奈川地方協議会
電機連合
障がい福祉委員会

神奈川地協加盟組合員 ← カンパ金を元に期待に応えられる活動

組合員からの理解が得られなければ、障がい福祉活動は消滅してしまいます

　この様な状況を踏まえて、活動に理解を示してくれる組合員からカンパ金という形でいただいたお金を活動資金として活動を展開していこうと、障がい福祉委員会結成当時に決定した。組合員の活動への理解が、カンパとして障がい福祉委員会に寄せられる。そのカンパ金を元に我々としては期待に応えられる活動をすることによって成り立っている。

　従って、この組合員からの理解がゼロになってしまうと、活動資金としてのカンパ金が得られず、委員会の活動自体が全部消滅してしまうことになり、非常にシビアな環境下での活動である。

　40年間続けてきたが、最初から1年、2年で終わらせるつもりはなかったため、単にカンパとしてお金をもらえば良いというものではなく、何らかのツールを通じて、これを買っていただくことで活動の支えになっていますよという体感が必要であるという視点を持って検討を続けた。

　ではどんなものが良いか。労働組合活動の一環としての障がい福祉活動があるのですよ、福祉ではなくあくまでも労働組合活動ですよという大原則があり、そして、誰もが自らの意思で参加できることが重要。特定の人だけが使うような例えばマッチやライターも候補にあがったが、たばこを吸わない人は使わないということで、誰

もが使えるものにしよう。あとは新たなカンパ活動となるため、組合員からより理解を得られるものをツールとして使わなければ難しいのではないかと議論を進めた結果、マスコー製紙㈱から活動への理解・協賛をいただき、ティッシュBOXを使ったカンパの展開をスタートした。以降、神奈川地協のカンパボックスですよということで毎年やっている。

　なぜティッシュBOX？
　なぜティッシュなのか。ティッシュを使わない人はいない。世の中でティッシュを絶対使いませんという人はいないと思うし、誰もが使える。そして置物なので、常に目にすることができるため、広報のツールとしても強い。
　また、ティッシュのデザインは毎年組合員から募集をして、我々で選定をして優秀賞の方のデザインをそのまま登用するという形で、組合員全員の参加意識を高められるということにもつなげている。加えて、このティッシュは牛乳パックを99パーセント再生して作っているティッシュで、環境にも配慮しているということをうたい文句とし、毎年組合員に購入いただいている。その協力いただいたカンパ金によってこの活動が成り立ってきたということ。
　ちなみにこのティッシュボックスは、一箱170円。いわゆる５個パックで850円。なぜそんなに高いのかとよく言われるが、価格のうちの７割くらいはカンパ金としていただいている。ティッシュを買うのではなくて、あくまでもカンパを目的としてそのツールとしてティッシュを買っていただくという形で、ご協力をお願いしている。なおかつリサイクル商品のため紙質も悪くて、花粉症の時期には何とかしてくれないかと毎年言われるが、再生紙なのでごめんなさいという話をしながら使っていただいている。このボックスは40年間続いてきている。

社会福祉法人電機神奈川福祉センターとは？
　ここで、電機連合神奈川地協が1995年に設立した社会福祉法人電機神奈川福祉センターとは何をやっているのか、簡単にご紹介したい。
　電機神奈川福祉センターとはどんな組織なのか。障がい福祉活動20周年の記念事業として1995年に設立された法人であり、労働組合が運営母体という全国にも珍しい法人の特徴を生かして、労働と福祉の中間的な位置づけの元、特に「就労を通じた障がい者の社会自立」を目指した事業を展開している。前述の通り、障がい者の社会自立はやはり就労からということで、そこに特化した事業を行おうということで1995年から展開している。
　電機連合神奈川地協からヒト・モノ・カネの部分で運営支援を受け、電機神奈川福祉センターからは福祉の情報発信や障がい福祉活動への参画ということで専門員の派遣などを行い運営している。

電機神奈川福祉センターの事業方針
　電機神奈川福祉センターは、3つの柱を中心に事業を行っている。
　一つは障がい者の社会自立で、働くことを通じ、社会で自立した生活が送れるような支援をしている。
　二つ目は、福祉に対する啓発で、神奈川地協や電機連合、連合を通じて政策制度の提言の中に盛り込むことなどを通じて、より良い障がい者施策を目指した啓発活動を行っている。
　三つ目は、地域福祉の充実で、地域に住む高齢者が安心して暮らせる環境づくりの支援をしている。

電機神奈川福祉センターの体系
　電機神奈川なので、神奈川県に拠点を置いている。横浜市磯子区にある根岸線の新杉田駅に直結した建物に本拠を置いて、3つの事業を行っている。

一つ目は、障がい者の就労支援、就労訓練のために「ぽこ・あ・ぽこ」「川崎市わーくす大師」「ウイング・ビート」という３つの施設を持っている。
　二つ目は、障害者就労支援事業。働きたいという障がい者の就労支援や、働いている障がい者が一日でも長く働けるような後方支援を行う、障がい者の就労支援事業を、横浜南部・川崎中部・湘南地域にそれぞれ就労援助センターと呼ばれるセンターを置いて行っている。
　三つ目は、高齢者福祉の推進事業。これは地域に高齢者の方々を対象としたデイサービス事業や包括支援センターの事業などを運営している。

　障がい者の就労訓練では３つの施設を運営していて、そのうち２つは特に就労に特化した自立支援法上の就労移行支援事業として運営して、年間あわせて30名程度の就労者を輩出している。ちなみに、この種の施設から障害者が就労する割合は年間１パーセント程度なので100人定員の施設であれば年間１名。電機神奈川福祉センターの施設はどちらも定員50名ですから、２年に１人就労者を出せば全国平均に達してしまうという状況のなかで、２つ合わせて30名程度、毎年コンスタントに就労者を輩出している。この数字からもより就労に特化した施設を運営していることがお読み取りいただけるかと思う。
　また、企業のOBの方々を職員として配置している。これはなぜかというと、やはり働くための訓練の場ですから、施設の中もより企業に近い雰囲気にしなければならない。そのためには我々福祉の専門職がいくら頭を悩ませて、ノウハウをもっていない中でやるよりも、企業を定年退職されたOBの方々を職員として配置し、実際の作業指導を納期・品質・コストを含めてしっかりとコントロールをしていただき、働くためのスキルを身につけるという環境を整えた方が効果があるという考えからである。

障害者就労支援事業としては、横浜、川崎、湘南エリアでそれぞれ就労援助センターを受託・運営している。主な内容としては、就労している障がい者の定着支援や、これから障がい者を雇用したいという企業側への支援、もしくは雇用している企業への支援も積極的に行っている。また、地域の福祉施策にも積極的に参加して、障がい者の就労促進を図っている。

　高齢者福祉の推進事業としては、磯子区内に住む高齢者の方々を対象にデイサービス事業を行っている。また、少しでも高齢者介護の知識を持っていただきたいということで、地域に出向いてセミナーを開催するなど、地域一体となった高齢者福祉の事業を推進している。

　実績を紹介すると、障がい者部門では2011年10月末時点で働いている方、総就労者数が576名。離職率は全体の10パーセント未満で、定着率が非常に高いというのが特徴の一つになっている。高齢者者部門では、70パーセントくらいなら良いと言われている定員に対する利用率である平均稼働率は90パーセントを超えていて非常に高い活動を誇っている。加えて、磯子区内の施設では満足度トップをここ数年間維持できていて、より満足していただけるサービスを提供できているのが特徴で、やはり労働運動の一環としてやっているということが非常に大きな結果を生み出しているのではないかと思う。

7章
教育研究活動と社会的対話

山本　和代　日本教職員組合執行委員、教育改革部長

　日本教職員組合の活動目的は、大きく二つある。1つは、教職員の賃金・労働条件の向上である。これは他産別の組合と同じであると思われる。もう1つ教職員組合独特の目的となるのが、子どもたちの教育権（受ける権利）保障や子どもの人権などの観点から、教育政策等の改善を求めることである。『子どもが主体』となる教育改革の必要性を保護者・地域住民へアピールし、教育福祉（Edufare）社会を具体化し、すすめていくことが重要であると考えている。そのために学校・医療現場で各職種の特性に応じた子どもたちへの支援、またはそれにつながるとりくみを行っている。子どもをとりまく状況をふまえ、子どもの人権やゆたかな学びが保障される「教育福祉（edufare）社会の実現にむけて」を共通テーマに、保護者・地域住民との社会的対話等のとりくみの必要を訴えている。

　その1つとして、子どもの権利条約の採択日（11月20日）にあわせて、教育改革全国キャンペーンとして学校現場などからの教育改革を訴え、社会的対話という視点から教育講演会や対話集会のとりくみを進めている。単組においても、子どもの権利条約の具現化や子ども・保護者が積極的に参画したキャンペーンをめざして工夫したとりくみがなされている。

　それとともに、教育研究活動にとりくんでいる。教職員は、子どもたちの言葉や行動の事実から背景を推察し子どもたちに寄り添いながら進めている教育活動・支援活動を改めて振り返り、言語化し、整理し、悩みや課題も含めてリポートとしてまとめる。自身の

職場での実践リポートを持ち寄り、職場から組織的に討議を積み重ね、研究を深めていくのが「教育研究」（以下教研）である。支部教研、単組教研、全国教研と積み重ねており、毎年開催している教育研究全国集会（以下全国教研）は、2011年度までに61回の歴史を積み重ねてきている。この教育研究活動について詳しく述べ、その意義と課題について振り返りたい。

1　教研集会の今日的意義

　1951年11月、栃木県日光市において開催された第1回以来、日本国憲法と1947年制定の教育基本法にもとづき、平和と民主教育を確立する運動は連綿と情熱をもって続けられている。全国から学校現場の教職員が一堂に集い、教育実践を交流する研究集会は世界的にも稀有な存在として評価を受けている。

　「日教組の教研全国集会は……もはや日教組の所有であると同時に、日本の社会の一つの公共的所有として扱わなければならない比重を持つにいたったと断定してよいだろう」。このように第7次全国教研直後に発行された雑誌『世界』（1958年4月号：岩波書店刊）が引用し紹介したが、今日さらに年月をへて、社会的財産といえるものとなっている。このことは、第57次全国教研（2008年東京集会）での品川プリンスホテルの全体会場「使用拒否」をめぐる東京地裁・高裁判決においてあらためて、教研集会の「社会的意義」が認められたことでも明らかになった。教育をとりまく環境の変化や新たな教育課題とともに、「東日本大震災」後の社会や教育を含めさらに議論を重ねていくことが必要である。

2　教育課題の共有化と全体集会の意義

　全国教研には、全国各地から多くの教職員や教育研究者が参加し、開催期間3日間の延べ人数は、1万人におよぶ。1日目の全体

集会は、全国から集う参加者が一堂に会し、基調報告や記念講演等を通して今日的教育課題を共有化してきた。

「いじめ」、「不登校」、「子どもの貧困」、「教育格差」、「虐待」など子どもにかかわる課題や人権教育に加え、インクルーシブ教育・労働教育・メディアリテラシー教育など社会情勢の変化に伴う新たな教育課題への対応など緊要の課題が山積している。参加者にとって、国内・外の教育制度・政策に知見を広げ、自らの教育実践を分析・検証する観点を養う場として、今後も充実させていくことが求められる。

3 組織教研の意義

分科会は、全国の教職員が日々、子どもたちと向き合いとりくんできた教研活動・教育実践にかかわるリポートをもとに、さらに論議を深める場である。日本教職員組合は、「子どもを主体とした教育実践」「ゆたかな学びの保障」「職場ぐるみの教育研究活動」「地域との連携」「教育に関する社会の合意形成」「世界平和・人権確立・地球環境保全・民主主義の発展」などを基本に、子どもを取り巻く様々な課題の解決、ゆたかな学びを保障する教育、ひらかれた学校づくりや地域にねざした教育の実現にむけ、職場・地区（市区町村）・各県の日常的な教育研究活動の一層の充実に努めることを課題としてきた。

教育課題、ゆたかな学びの保障などの視点から予想される討議の柱を設定し、リポートをもとに討議することを通して、自らの教育実践を振り返り、研究を深めている。また、他のリポート報告を通して、新しい教育情報や実践方法等を知る機会ともなっている。その成果は、全国各地の学校・地域での教育活動に還流され、さらに日々の教育に生かされ、深められ、次期の教研活動へとつなげるものである。その一連のサイクルは、教職員にとって極めて重要で貴重な教研活動の過程であるとともに、現代公教育としての学校教育

の発展に寄与しているものといえる。

4 専門職としての教職員の教育研究活動

　教職員は、教育内容は大綱的基準として学習指導要領に定められているものの、「地域や学校の実態及び児童の心身の発達段階や特性を十分考慮して、適切な教育課程を編成するものとする」とされているように、教育活動の遂行にあたっては教育現場で直接、子どもたちの教育にあたっている教員の創意工夫が求められる。国際的にも、教職員は専門職（Profession）という立場にあると認められているのである。そのために教職員組合は、労働環境や処遇改善という労働条件のみならず、教育条件の整備をすすめるとともに、専門職としての力量・水準の維持を図るため自主的・自立的な研修の場として、全国的な教育研究の力量を高めていくことが求められる。

5 「ひらかれた教研」への改革

　教職員は、教育活動を通して民主社会の主権者を育む社会的責任を負っている。また、保護者や地域が教育に果たす役割、学校教育に与える影響は大きい。そのため、日々の教育実践を交流し合う教研集会は、子ども・保護者・地域の実態抜きには存立し得ない。今日的な教育課題や背景にある社会状況を見据え、「人とのかかわり」を基本に教育を創ることが重要である。

　そこで、これまで教職員（組合員）による教職員のための教研という傾向が強かったが、教研の意義を捉えなおし、内外にひらいていくための改革を続けている。長きにわたって研究を積み重ねてきた各分科会についても、グローバル化等による今日的教育課題への対応を念頭に新設・再編を検討している。

　教育は学校のみで行うものではなく、保護者・地域住民などが参

画し、子どもをとりまく課題を共有化しながらすすめられる。子ども・保護者・働く仲間・市民団体や教育関係者などが広く参加できるような「ひらかれた教研」・「社会への発信」をめざしている。

また近年、団塊世代のベテラン教職員が定年によって大量退職し、若手教職員が多量に採用される世代交代が急速に進行してきている。教職員の力量を高め合う同僚性も、超勤・多忙化の状況のなかで薄まりつつあり、ベテラン世代の力量と成果を若い世代がどのように継承し、教研活動を創造していくかという課題は全国共通である。このような世代交代、運動の継承・発展の観点からも教研のあり方を工夫していかなければならない。

6 これまでの改革論議

1995年度より、「子どもを中心とする教育改革運動を一層促進する」とし、全国教研のもち方や全体集会、分科会のあり方、還流の方法等について議論されてきた。1997年に改革案が提示され、第47次全国教研には、それにもとづいた分科会構成やリポートのあり方、共同研究者の委嘱のあり方等の基本方針が確定され、現在に引き継がれてきている。また、2000年には教育総研『教研改革研究委員会報告』でさらなる教研改革にむけての提言がなされた。そこでは、日教組『21世紀カリキュラム委員会』（1999年）が示した21世紀の子どもたちが学んで欲しい内容について7つの領域に分類し、教科の枠を超えた大幅な分科会構成の変更や各種集会との有機的な発展統合の考え方などが示された。しかし、その後、「学力低下」の大合唱などのなかで、中教審が出した教科の枠を超えた免許の総合化などの議論は頓挫し、その後の教科の再編成や全国教研の分科会構成においても、それらは必ずしも反映されている状況ではない。しかし、今後の改革における分科会再編をすすめるにあたってこの報告書の考え方を参考にする必要があると捉えている。報告書や提言書にもとづき、現在まで社会的な対話の場としての「ひらか

れた教研」を方針化し教研改革はすすめられてきたが、保護者・働く仲間・地域住民等の参加は十分に広がっているとはいえない状況にある。その要因としては、一部団体からの妨害行為に起因する厳重な警備体制や、それに伴い早期の日程公表ができないという実態があげられる。また、組織教研の各段階で、保護者・地域住民が参加しやすい体制づくりや働きかけが十分になされていない点も課題である。

7　全国教研での討議内容

　2011年度に富山で行われた第61次全国教研は、25の分科会と特別分科会「子どもたちが発信〜震災からみえる子どもの権利〜」で討議が深められた。分科会は10の教科別分科会と15の課題別分科会から構成される。各分科会の議論概要と地域連携における特徴的なリポートを『日本の教育　第61集』（編著：日本教職員組合、発行：アドバンテージサーバー、2012年）から一部引用・編集し紹介する。現場の教職員がどのようなことに悩み、子ども・保護者・地域とともに何をめざそうとしているかが少しでも伝わり、地域での教育研究活動参加のきっかけになればと思う。

○日本語教育
　3・11以降の日本の現状をどのように言語化していくのか、その活動がどのような教育としての可能性を持つのかを明らかにする目的を共有して議論がすすめられた。「風評被害」をめぐっては、目の前にある状況を一言で「風評」という単語で性急に概念化するのではなく、それが子どもたちの個々の現実的な生活とどのように結びついているのかを考えさせることが言葉の教育として重要であること等が議論された。

○外国語教育
　何のために外国語（多くの場合は英語）を学ぶのか、たとえば英語ならばどのような英語を学ぶのか、また、外国語を通じて、何を伝えあうかということをおさえながら議論はすすめられた。多文化を学ぶことの大切さ、被災をふまえた自己表現を保障する実践、英語以外の外国語教育、アジアへの視点、またALTの雇用実態なども議論された。

○社会化教育
　3・11大地震と社会科教育のあり方を問う発言が多く出された。炭鉱廃坑、水俣、原発事故は「近代化」による人災であり、そのひずみを地域からとらえ、その学びから未来形成をしていくべきという観点や、地域社会の形成に参画する必要性などが議論された。

○数学教育
　グループ学習について、何人のグループが適切であるかが議論となり、4人とする意見が大勢をしめた。また、学び合い・伝え合い活動は大切であるが、「交流のための交流」とならないように注意し、算数・数学の考え方を伸ばす活動、算数・数学がわかるようになるための活動として位置づけることが大切であるとの発言も出された。また様々な教具や図形の描き方などの紹介も行われた。

○理科教育
　呼吸の学習は燃焼とつなげて行うと理解しやすいとの議論から、呼吸と光合成を別々に考えるのではなく、酸素と二酸化炭素の行方を考えさせ物質の循環として捉えさせたいとの意見が出された。また、原発事故と呼吸・消化の関係についての意見も出された。呼吸により肺胞の奥まで入る、食べ物や水によって吸収される、皮膚（擦り傷など）から入る内部被ばく、さらに生物濃縮についても理解する重要性が論議された。

○美術教育

　鑑賞の実践に対して、「インターネットにも画像はあるが、実物を見ないで鑑賞はなりたつのだろうか」という疑問が出され、議論となった。「プロジェクターで見せると、筆あとや絵の具の厚さなどが感じられない。結局にせものではないか」、「鑑賞は、テーマをもちながら子どもたちの作品を見合ってつながっていく。とりくみの中で名画を見せて、それを言語活動というカテゴリーにいれるのはどうかと思う」と、言語活動の観点も合わせて議論された。

○音楽教育

　自主教材や学校の体質についての論議の中で、子どもは気にいった曲があると関心を示すことから、「学校は前を向かせることにやっきになっているのではないか。もっと一人ひとりを大事にすることからはじめよう。そうすれば障がい児はいないということに気づく」という意見が出された。音楽会などの発表の場では、つい「何とかさせよう」として無理を強いることがある。音楽の授業や日々の子どもとの営みの中で、「いい音楽」を伝え続けていくことが大事だという意見も出された。

○家庭科教育

　被災地から「仮設住宅がカビだらけだった。生きるために大切なことをもっと知りたい。家庭科をゼロから見直し、来年度から復興を意識した授業に入る」との意見が出された。その他、「震災を家庭科で教材化したい。避難所での生活になったら……等も考えさせたい」、「中・高では高度な内容を扱っているが、小では今の暮らしを少しでも良くすることが大切。地方では専門家のゲストティーチャーは呼びにくいので、保護者や地域の大人から探すと地域への啓発にもなるのでよい」等の発言があった。

○保健・体育教育
　原発事故を受け、「学校体育」についての問い直しが話し合われた。例年どおりに4月6日から再開された学校、多くの体育的学校行事の中止。その中で実施された運動会の意義。「体力向上」を「競技力向上」に置き換えたようなとりくみを続けていて、子どもたちの10年先20年先の健康を守れるのか。という議論が行われた。競技重視ではなく、健康や体に向かい合うとりくみの必要性が訴えられ、被災地への理解がより深まり、体験からの学びが共有された。

○技術・職業教育
　少ない時間で効率よく技能の習得ができるとともに、子どもたちが学びに満足できている実習教材について議論がされた。カンナの刃研ぎの技能習得によって子どもが自信をもち、専門の入り口にたてたという成長のパターンが見えたとの報告もあった。「子どもが変わったという現実とその分析をもって教材のもつ意味を考えて深まりのある議論ができるようにすること」や「加工法は材料の特性を踏まえていること、子どもを納得させ、わからせる実践が課題として論議された。

○自治的諸活動と生活指導
　児童会がなくなったという報告に驚きの声があがったと同時に、個に寄り添うことで自治につなげた実践報告から、「集団づくりは何のためか」を改めて考える議論がなされた。「黙って移動・行進」など管理主義が目立ちはじめている事実も出されたが、「おかしい」と思ったことを契機に子ども自治の方式をつくり、広げることで児童会は復元できるかもしれないという意見が出され、「子どもの自治」「子ども参画」にむけ、そのつなぎ役の教員の役割が話された。

○幼年期の教育と保育問題

　幼稚園と小学校の交流・連携や幼年期教育をめぐる根源的問題に加えて、幼保一体化の動きの厳しい現状について議論された。ある県からは、幼保一体化という動きの中で、定員455名の認定こども園が作られようとしており、教育保育の質を著しく低下させる危険性があるという報告があった。「子ども・子育て新システム」が真に子どもの権利の立場からの一元化になるように運動を展開することの必要性が共有された。

○人権教育

　差別の現実・解放への願い、教職員自らの変わり目、反差別、人間解放、人権文化などのテーマでの議論が展開された。人権学習にあっては、同様に自らの加害性と被害性を深めていくことが不可欠であることをテーマに議論された。車いすやアイマスクを使っての「疑似体験」の意味づけにあたっては、逆に差別意識を助長するのではないかという問題提起がされた。「疑似体験だけでは当事者の気持ちは分からない」と気づくような学習こそが求められているとの議論がされた。

○障害児教育

　例年に違わず、特別支援教育の中で、特別支援学級での個別の指導を中心とした実践や、通常学級での交流に取り組んだ実践、特別支援教育に対峙する方向をもって在籍にこだわり、通常学級へ返していくとりくみをすすめた実践などが報告された。討議の柱は、各リポーターが、現場で特別支援教育をどのように捉えているのか、在籍を分けることをどう考え、日々現場で子どもたちと向かい合っているのかを問い直す論議が行われた

○国際連帯の教育

　長年に渡って在日朝鮮人の子どもとニューカマーの子どもの教育

課題をつなげることが議論されてきた。言語や文化の壁などの問題を超えても、外国人や外国にルーツを持つことが、日本社会の中でプラスに働くことは皆無に近いことや、子どもの背景が複合化・多様化し、教職員の側から「見えにくい」ことについて着目する必要性が語られた。マイノリティの子どもたちを中心とした集団づくりをすると共に、歴史的に積み上げられてきた外国人対する構造的な差別を変えていくための社会変革やシステムの創造を、教育運動として組織的に行っていく必要が改めて確認された。

○両性の自立と平等をめざす教育
　議論の中で「男の子も女の子も何色でもいい」という結論だけで終わってはいけないのではないかという問題提起がなされた。自分や友だちが現実にどんな物をもっているのかを見つめ直し、自分たちが個性を大事にできているかを考える必要があるとの意見があった。また、職業選択について「男向き・女向きと決めつけるのはよくない」という結論にはなっても、その「気づき」は何かきっかけがあると簡単に「そうはいっても、やはり○○は女性向きだよね」と逆の方向に流れていってしまうことも多いため、現実に多様な職業についている女性／男性の存在や、雇用における差別問題について学ぶ機会を設けて、「気づき」から確かな理解・認識に発展させていきたいという意見が出された。

○環境・公害と食教育
　討論では、文科省資源エネルギー庁作成の「わくわく原子力ランド」「原子力ワールド」等推進側の情報が学校現場に入っている実態とこれらの情報にどう対峙したらいいのかという点について様々な議論があった。両論併記や中立性を保つという立場は結局のところ推進側になってしまうという意見の一方で、資料として利用するのも一つの手法であり、矛盾を子どもたちは見抜くであろうという意見もあった。私たちが原発にどう向き合うかという姿勢そのもの

が教材づくりをする時点において重要であるとの意見が多く出された。

○平和教育
　震災と原発事故をうけて、3・11以降の平和教育はどうあるべきかが討議され、情報操作について危惧する意見が多く出た。情報が、だれが何のために出しているか見抜き、真実を知ることが重要になってくる。新聞記事等を教材にする場合は、子どもたちの認識が深まるよう配慮にする必要があるとの意見が出された。関連して、教科書採択の問題も指摘された。問題点をしっかり学習すると共に教育対話集会などで保護者や市民に訴えていくことの必要性も出された。原発に関しては、核兵器反対から原発反対にいくのは難しかった、曖昧になっていた、などの報告や意見が出てきた。原発については、環境・エネルギーの問題として論議した方がいいのではという意見も出された。

○情報化社会と教育・文化活動
　「学校・地域の文化活動」のテーマでは、①学校、②地域、③教職員の3つの柱での討議がすすめられた。アイヌ文化の継承と誇りを伝える運動、住んでいる地域の歴史や文化を学ぶ活動、地域の人々が指導者となるクラブ活動などの報告があった。「情報化社会の教育、学校図書館」のテーマでは、ICT（Information and Communication Technology）を教育実践との関わりで考えようという視点に立ったリポート報告が大半を占めていた。情報化社会の進展に伴い、学校現場にも多様なICT機器が浸透しつつある状況が反映されていた。

○高等教育・選抜制度と選抜制度
　財政や地域、或いは身体的精神的諸状況によって受け得る教育が制限され、学習権が充足されない事態を打開し、教育の機会均等を

いかに実現するかということを中心に議論された。教育や医療、福祉を充実させることこそが行政の最大の責務なのであるから、効率的経営により教育等が十全に保障されなければおかしいのではないかとの指摘や、産業界へ"人材"を送り出す方式からの転換が必要だとしながら、保護者側がそれを子の幸せと受けとめているゆえに難しいとの悩みなども出された。

○カリキュラムづくりと評価
　学習指導要領改定により授業時間確保のためにモジュール学習を取り入れた報告が多く寄せられた。もともと創造的であるべき教育現場でのカリキュラムづくりの主体は教員にあるのだが、多忙化への対抗で単なる字数合わせや負担軽減に陥ってしまう傾向にあるとの声があった。学力テストを重要視し、単元毎の定着問題を実施せざるを得ない状況が生み出されているなど、大震災を経た今なお、浸透方式で教員の活動を疎外し、子どもたちの学びや学校生活がゆがめられている状況が語られた。

○地域における教育改革とPTA
　「学校が地域にどう貢献できるのか」、「働き方の改善や地域に帰るためのゆとりなど生活者としての教職員のあり方」、「民主的な職場」、「学校統廃合の現状」などを中心に議論された。防災の日の避難訓練の見直しやメール活用による引き渡し訓練、地元漁協とのつながりから実現した修学旅行での漁業体験や地域での取材活動を通して生徒の学習が深化した事例などが報告された。震災後、社会のあり方を考える上でも、子どもを中心に据えたPTAや地域との「つながり」がこれまで以上に重要になることが再確認された。

○教育条件整備の運動
　教育費の調査分析を行い、また私費も含めての課題の洗い出しを行った報告があった。その報告を基にした議論により、学校予算の

全体像についてより深く理解された。また、学校長に資料を配布し、情報提供と課題の共有化を図ることで、一括要求および各校の予算要求が実現された例も報告された。

また、学校支援地域本部の活動にかかわった学校事務職員から、同事業によって、学校と家庭・地域との信頼関係が深まり、子どもの学習活動が充実する等の成果がみられたとの報告があった。事務職員の職務として、地域との具体的な渉外がクローズアップされた。

○総合学習
　新しい学習指導要領により、明確な説明もなく週1時間程度削減され、教育現場でも「総合的な学習の時間」に積極的な意義を見出しえず、全国的に教育実践の報告も停滞気味であった。しかし、今研究集会では本格的な子どもを中心にすえた学びを築き上げる優れた実践報告がなされ、「総合学習」のダイナミズムが改めて確認された。また、これまで小学校を中心とした実践報告が多く見られたが、今回は中・高・大学にも優れた教育実践の報告が見られた。

〈地域との連携をめざした実践〉
　　　　　　　　　　日教組第61次教育研究全国集会報告書
　　　　　　　　第22分科会　地域における教育改革とPTA
　　　PTA・地域との連携をどう進めるか
　　　　　　～平和と保護者のおもい～

大分県教職員組合
1．今次教研県集会で主として討議された内容と今後の課題
（1）今次教研県集会で主として討議された内容
　「地域に根ざした教育活動をすすめた実践」（略）、「民主的PTA活動をどう創造していくのか」（略）
　「地域、保護者、学校のつながりを考えた実践」として、臼津・

大分・大野・日田の4支部より報告があった。PTA研修部を中心として10年間続けてきた8・6平和集会での実践、校内での清掃活動を校外に広げていこうとした実践、「読み聞かせ」でできた保護者とのつながりを8・6平和集会で生かした実践、ボランティア活動を通して保護者とのつながりを深めた実践が報告された。臼津の発表では、保護者の参加もあり、「なぜ積極的にPTA活動ができるのか。その源は?」等の質問も出された。保護者にとって学校は壁がありこちらからの声かけがその壁を小さくできると言った意見や、継続していくことで保護者の中に「次は自分たちがやらねば」といった意識が生まれてくるといったことが話題となった。

(2) 今後の課題

　地域、保護者の願いや思いを受けとめ、子どもを中心としたとりくみをすすめる中で、地域・保護者・学校・教職員間のつながりが深まっていく。子どもにどんな力をつけたいのか、地域・保護者・学校がつながる意義と目的を明確にし、どのように組織化していくか。上意下達の教育改革や地域とのつながりが薄れていく広域人事、さらに一方的な学校統廃合に対して歯止めをかけるとともに、地域からの教育改革運動を具現化していくためにも、とりくみを継続・発展・組織化させていかなければならない。

2．報告書

　いろいろな場面で平和を考える機会を考え、8・6「平和を願う日」の全体会等を教職員と保護者が一緒になって企画し、運営してきた臼杵小分会でのとりくみを報告する。

(1) **8月6日を教職員と保護者がともにとりくんできた意義**

　昨年、ある会でこの取り組みを発表する機会があり、臼杵小PTA研修部部長が以下のように発表した。『……大分県の小・中学校では、1972年から8月6日を登校日として、40年にわたって平和学習を実践してきました。核兵器の非人間性を戦争の悲惨さを学習し、二度と戦争がない世界をつくるにはどうしたらよいかを考えてきました。しかし、戦争を知らない世代が増え、学校現場でも保護

者は言うに及ばず、ほとんどの先生方も戦争を知りません。東南アジアなど海外旅行に行った日本人が、その地で起こった過去の事実を知らずに戦跡地を汚したり、外国の人の質問に答えられなかったりします。長崎への修学旅行で被爆体験を語る「語り部」の人に失礼な態度を取る学生がいると聞いています。

一人の大人として、先生たちだけにお任せするのではなく、自分がまず「戦争」について学習し、子どもたちに学んだことを伝えていくことが大切だと思います。自分の子どもには二度と人を殺すための銃を持って欲しくないという想いを、私たちがまず伝える必要があると思います。未来を生きる子どもたちに、私たち自らが、発信していくことだと思い、毎年「8・6平和を願う日」の全体会に参加しています。』

このように、教職員とともに平和を考えて、より積極的に関わっていこうとする保護者の姿があった。
るんだなぁと思いました。

(2) 2010年度のとりくみ

2010年度は、8・6「平和を願う日」には『すみれ島』の朗読を研修部で行った。

朗読は、絵本をパソコンに取り込み、パワーポイントで描写する2002年からのとりくみと同じである。その前に、前年の防空壕発表の中で出ていて、戦争中のくらしを体験してみたいと言う意見が多く、そのような方を保護者で探していた結果、校区に住むSさんを招いて『戦時中の食事体験』をすることになった

(3) 戦時中の食事体験　　　　　　　　　　　参加者40名

① 作った料理をかこんでSさんに質問

子どもたちの質問	Sさんの答え
・昔は、食べるものはありましたか？ ・お芋ばかり食べていたのですか？	→ 臼杵は都会と比べて、畑がたくさんあったので、食べ物にはあまり困りませんでした。

165

・昔は醤油はありましたか？　　　→　味噌や醤油は家で作っていました。
・昔はどんな生活をしていましたか？　→　昔は兄弟が多かったので、みんなでおやつを食べたり兄弟のめんどうをみたりして楽しかったです。

② 参加した保護者や子どもたちの感想
・調味料をほとんど使わず、物足りないと思えたけど、親子で用意をするうちに、すごくお腹が空いて、とても楽しくおいしく食べれました。
・今日は、戦時中の食べ物と味とか知れて良かったです。
・今日のお料理は、昔の味がしました。味付け（調味料）が無くてもおいしかったです。
・味がないまずしい食事だと思いました。でも、戦時中では、これでも贅沢な食べ物だと思いました。
・質素ではあるけれど、野菜の甘味が活きていて、薄味でも食べられると思いました。濃い味付けに慣れ、豊かになりすぎているので、かえって新鮮でした。
・戦時中はこんな味の無いのがわかりました。
・もっと塩味があると良かったけれど、これが戦時中、戦後の味だと感じながらいただきました。本当にありがとうございました。

③ 研修部員の感想
・昔風に作ったけど、おいしかった。
・炊飯器が壊れてたことがわかり、右往左往しました。けれど、鍋でもきちんと炊けることがわかり、昔の生活のたくましさを感じました。

（4）成果と課題
　この分科会の中でPTA・地域の人たちと「継続的に」「組織的

に」「楽しみながら」共にとりくんでいくことの大切さが話題になったことがある。本分会にきて３年目であるが保護者と今年度のとりくみについて話していると、まさにそのことを感じている。８・６「平和を願う日」の全体会は保護者の手で行うことが当然のように取り組んでくれる保護者の積極性には時として舌をまくこともある。私たち教職員よりも長くこの地にいる保護者は、時には教職員が知らないような歴史に埋もれた事も教えてくれる。時には、アドバイスをしながら、共に歩んでいく大切さを痛感している。もっと地域のことを知り、もっと地域に足を運んでいくことの重要性を感じている。最後に保護者の感想を書き添えて、成果と課題にかえる。

8 「ひらかれた教研」にむけて

　社会的な対話の場として「ひらかれた教研」は、教研改革の大きなテーマである。子ども・保護者・働く仲間・市民団体や教育関係者等が参加できるような「ひらかれた教研」をめざすことの重要性は、ますます高まっている。しかし、保護者や地域住民等の参加が広がっていないことも事実である。そこで、「ひらかれた教研」を考えていく上で、「外にひらく」「内にひらく」の２つの観点から検討し、工夫を行っている。
　「外にひらく」とは、教職員以外の方々にひらくという意味である。全体集会はセレモニー的要素があり、基調報告等は組合員むけのものとなっている。一方で、日教組の運動を広く理解してもらうため、保護者・地域住民等の記念講演への参加を軸に全体的なあり方を検討している。また、子ども・保護者や地域住民が参加しやすい内容や日程を工夫し、フェスティバル的要素を盛り込んだ「つどい」や「ひろば」の開催等も検討している。加えて、教育関係団体（PTA組織など）、市民団体、労働団体、行政関係機関等との普段からの連携を大切にし、組織的・計画的に働きかけを行っていくこ

とにより、保護者・地域住民等の参加（リポート報告を含む）を促している。

「内にひらく」とは、教育実践を職場・地区（市区町村）・各県で討議していく行為そのものである。したがって、全国教研で報告されるリポートは組織的な討議を通して、論議を経たものとなる。

そのため、さまざまな地域の事情により、組織教研の開催が困難な場合は、ブロックや隣接県との連携をはかり、リポート交流による討議の場を保障されるようにしている。また、教研活動の継承・還流は今日、ますます重要となっているため、ベテラン世代から若い世代への継承をふまえ、より多くの人がリポーターとして参加できるような体制をとっている。「青年枠」を設け、青年層を中心に積極的な参加を促し、若い世代に継承するためのきっかけとしている。

これからも全国の各学校で、日常的に保護者や地域と連携し、実情に寄り添った教育活動と実践に根付いた研究が続けられていく。日教組はこの日常的な営みを「社会的対話」の重要な要素としてとらえ、教育研究活動の活性化にとりくんでいく。

8章
自治労の自治研活動がめざしてきたもの

南部　美智代　全日本自治団体労働組合総合政治政策局長

　1954年に全日本自治団体労働組合（以下「自治労」）が結成された。その3年後の1957年に第1回自治研全国集会が山梨県甲府市（4月5日～6日、於第一高等学校講堂、参加者約1,000人）で開催されている。

　本稿では、1954年に地方公務員を中心とした労働組合として結成された自治労が、自治研活動を「自治研活動とは住民の地方自治を守り、民主主義を発展させるための自治労の運動である」と定義し、自治体改革運動を展開させてきた時代背景と自治研活動の取り組みを検証したい。

1　自治労の自治研活動誕生の背景と変遷

1-1　自治研活動誕生の背景

　地方自治研究集会（自治研集会）の開催は1956年5月の自治労中央委員会で提起された。それを受けて、翌年5月に第1回自治研全国集会が開催されている。自治研集会は、全国の8割の自治体が赤字を計上するという地方財政危機の中、強制的な再建計画を策定させる、地方財政再建促進特別措置法（1955年）の適用反対の闘いの中で、地方財政確立の闘いの一つとして提起されたものである。そこには「自治体労働者は職務を通じて、地方住民の切実な要求と収奪を強化する政策の間にはさまれて、悩み苦しんでいる」という

現実認識があった。また地方財政の危機が住民と職員に転嫁されるという危機感も背景にあった。第1回自治研集会に寄せられた各県本部の「報告書」は、「職場の悩みと苦しみ」「財政分析」「対住民啓蒙活動」といったテーマで書かれており、職場自治研が主流で、住民は啓蒙の対象、共闘の相手であり、住民を地域の主体と捉えるよりも、「住民の要求に応えているか」といった、住民をサービスの対象とする観点からの論述がめだつ。他方で、「役人と労働者の二面性」に悩み、地域課題の発掘の重要性にも触れられている。財政分析という切り口で、政策的課題への関与の土俵も設定されている。地方自治、地域課題、政策研究というその後の自治研活動の枠組みはそろっているとはいえ、この段階では、住民（市民）を対等な主体とする共同作業としての地方自治研究は萌芽に止まっていたといえよう。

1-2　自治研活動の誕生と変遷

　日本経済が高度経済成長軌道に入り始め、地方財政危機が一定の収束をみる頃に、自治体はあらたな課題に見舞われる。都市化、産業構造の激変、家族やコミュニティの変化、公害やモータリゼーションにともなう外部不経済の深刻化など、既存の政治構造や政策では対応できない課題が突きつけられた。こうした課題に対応する政策的要素の開発は、政治構造の再構築を必然とし、政策執行にあたる自治体の職場にも再編を迫ることとなった。すなわち、一方では多数の革新自治体の誕生、他方では、自治研活動の見直しが行われることとなったのである。

　1964（昭和39）年には革新市長会が発足する。1967年には、東京に美濃部革新都政が誕生した。美濃部都政は、社会党、共産党、労働組合、民主団体、文化人をはじめ幅広い人々の結集による「あかるい革新都政をつくる会」を土台として成立した。いわゆる社共共闘方式である。美濃部都政は、「広場と青空」をスローガンに、民

主主義の実践、市民参加、環境の保全などの一連の政策を開発していった。都におかれた新財源構想研究会は、国-自治体の財政関係の転換を求めて、自治省と対峙した。革新自治体は、公害運動や環境、生活基盤の質の改善など住民が主体的に取り組んでいた運動を契機とし、政治・行政、政策・制度の改革として試行錯誤しながら先駆的に進んでいった。

　60年代から70年代にかけて農村型社会から都市型社会への移行期に市民活動から革新自治体への現象は、日本の自治の革新的原点といえるのではないか。住民が身近な課題を解決するために立ち上がり住民運動となる。住民生活に身近な政策をかかげて革新首長がリーダーとして選ばれ、住民参加、対話により政策が実現していく、そのような、民主主義による自治が芽生え、この時期に花開いたと考えることができる。「地方自治を住民の手に」という、その後30年以上も使われることになる自治研のメインスローガンは1961年の第5回自治研全国集会から使われるようになったものである。

　美濃部都政を誕生させた政治構造は、あらたな既存構造となって、労働組合運動、自治研活動の規定するものともなってくる。とりわけ社会党、共産党の溝は深く、自治研活動の停滞を強いることもあった。美濃部都政2期目の末には（自治研活動の主要なテーマの一つでもあった）部落解放問題をめぐる対立が先鋭化し、美濃部立候補辞退の混乱さえ起こり、労働組合組織の分裂や、組織率の低下にもつながっていく、という側面も抱えることとなった。

　自治研活動を提起し、自治研集会を企画・主催する、単組、県本部、中央本部は、組合員の生活と労働条件を守ることを掲げて結成した自治労という労働組合である。労働条件の追求は、ある場合には、公共サービス供給の制約となることもある。労使関係は、選挙にかかわって誕生させた革新首長との対立もともなう。革新首長でなくとも同様の問題は起こる。住民の地方自治を守る取り組みとしての自治研活動や自治研集会には、当然のことながら多くの葛藤があった。こうした問題には単純な回答はない。地方自治を住民の手

に、というスローガンを掲げて、地域課題の重要性を検証し続けることによって試行錯誤を繰り返してきたという他はない。また、労働条件を主たる闘争目標とする組合運動と労働の成果を自らに問う自治研活動は車の両輪だとする構え、労働者性と公務員性に市民性を加えた自己規定などによって、問い続け、問われ続け、現在も問い続けなければならないという状況に変わりはない。

　自治労は、結成後かなり早い時期に社会情勢を分析し、自治体労働者として地域に根づいた運動を展開するために研究者を巻き込み、自治労の持つ「現場力」と研究者の知識をコラボさせ運動の推進を図ってきたと言えよう。

　自治労は自治研活動を通じて、労働組合として「既得権主義的」なこれまでの運動から脱却をして縦型の運動から横の運動へ転換したのである。より市民に近い地方公務員の役割や責任を問い直し、地域における政策活動を展開するために「自治研活動」に取り組み、「要求・交渉」の運動と「提言・協議」の運動を一体化させてきたのであり、自治労では現在もその取り組みが継承されている。

　労働組合は、自らの既得権だけを追求するのではなく、政治や行政に対するチェック機能としての役割も果たさなければ、組織としての信頼が無くなるのではないだろうか。

　信頼を構築するためには、市民との協働は必要不可欠であり、自治体の仕事をしっかりと熟知した公共サービス労働者が、その役割を担うことこそが求められていると考える。

　めざすべき地方分権を推進するにあたって、その受け皿は「自治」にあると考えたとき市民参加による「対話」が「自治」への始まりと言える。市民が求めるものを実現するために権限の移譲や法の見直しを行い、地方の自由度を高め選択肢をより多くするために分権改革が進められているのであれば、地域で考えることこそが最も重要である。これについて辻山は、「権限と責任、選択を通じて、住民の知恵や工夫を活かすまちづくりを進めていく。さらに住民の関心が高まり、市民運動が引き起こされ、そして政治参加を促し、

真の自治が確立されていく。」と述べている。

すなわち市民との対話が必要であると指摘されており、自治労は自治研活動を通して市民とどう向き合い、政策を企画するために市民の意見をいかに反映させるかを追求してきたのである。そのためには、地域の特性を知る市民に焦点を合わせた議論をして、その地域に一番あった政策を企画・立案することが必要である。

しかし、自治体職場の多くでアウトソーシングが進められ、地域を職場として働く現業職員や直接市民と対応する窓口業務などの削減は「現場力」の低下につながっており、企画と執行の分離を益々進めることになっている。

そのためにも市民に焦点を当てた議論が、不可欠であると言える。住民により身近な自治体で公共サービスの担い手を組織する自治労は、これまでの自治研活動の成果を踏まえて市民参加による更なる活動を展開しなければならない。自治労組合員は、市民や地域としっかりと向き合い「対話」することから「気づき」の発見を行うことが、これまで以上に求められており、その実現のためには、自治研活動に取り組むことが使命であると言える。

2 自治体改革運動の推進

自治労は、1996年の「橋本改革」に対抗するために、翌年には、自治体改革運動を提起した。これまで地域・職場で取り組んできた「自治研活動」、「地域生活圏闘争」、「現業活性化」、「環境自治体づくり」、「地域福祉春闘」などの成果をより具体化させるためは、「行政・仕事のあり方の見直し」に労働組合が関わり、市民ニーズに対応した自治体施策へ転換させることを目的にして自治体改革運動を推進してきた。

2002年の自治労運動方針には、「効果的で質の高い公共サービスが重層的に提供されることを求めて、直営サービスをはじめ、非営利、民間などがそれぞれの特性を活かした役割を果たさなければな

りません。自治体職員には、それらのコーディネーターとしての役割を発揮し、（中略）公共サービス全体の基準や質を確立するとともに、直営における新しいサービスづくりなどについて検討します」と打ち出されている。

　自治労は、これまでの労使関係を基軸にした「要求・交渉」の運動に合わせて、市民との協働に裏打ちされた「提言・協議」の運動が一体でなければならないとして自治体改革運動を進めてきた。

　さらに、2005年8月鹿児島大会で確立した運動方針では、運動の基本方向として「地域の公共の力」を維持・発展させることを提起している。そこでは、「自治労は、市場万能主義に抗する『地域の公共の力』を維持・発展させるため、あらゆる分野の地域公共サービスについて、情報を公開し、評価を市民とともにつくりあげる運動を展開します。」（2006自治労方針）とこれまでの方針をより発展させた。

　一方、当時の社会状況を見ると、2001年4月小泉内閣が誕生して新自由主義的改革を推し進めるために、バブル崩壊以降のデフレ経済の中でその建て直しのリスクを働くものに押し付けた。「民間にできることは民間に」、「官から民」への市場万能主義的な政策は、サービスの質や水準に対する議論もないまま効率的で安価な公共サービスを追求した。

　民間においては、バブル崩壊後の煽りで中小企業は立ち行かなくなり倒産し、大企業も生き残りをかけた大リストラが行われていた。また、地方自治体においても2002年6月の経済財政諮問会議の「骨太の方針2002」において三位一体改革が位置付けられ、自治体にとって不利な地方交付税改革が行われた。

　この三位一体改革によって2004年から2006年までの自治体財源は、補助金改革で4.7兆円削減、地方交付税も5.1兆円減っている。これに対し税源移譲で地方へ3兆円移譲されているが、差し引きすると6.8兆円もの地方財源の削減が行われたことになる。

　三位一体改革によって地方交付税総額は大幅に落ち込み、自治体

間の格差は益々強まる結果となった。地方財政危機は深刻な状況に陥り、そのしわ寄せを自治体職員の人件費カットや採用凍結、病院、図書館、福祉施設、保育所などの民営化による人員削減などによって、多くの自治体は財源不足を補っていたのである。このように行き過ぎた行政改革は、専門的な人材の確保が不可欠な医療、福祉、教育などの現場の公共サービスの質や水準に影響を及ぼしたことは言うまでもないことである。

　これに抗するために打ち出されたのが、「地域の公共の力」である。具体的には、①自治体改革運動を推進、②市民と労働組合の協働による地域の再生とまちづくり、③自治体での公契約条例の制定、を柱として地域公共政策運動の更なる推進をめざしており、今日の自治労運動へ継承されているのである。

　自治労の地域政策運動の変遷は、地方分権改革を追求しつづけ、財政の厳しいなかで安上がりをめざす「新自由主義的な分権」ではなく、財政状況が悪い中においても、住民が、納得できるサービスを提供するための「自治強化の分権」をめざしてきたと考える。

　地域公共サービスの質の向上やその担い手のあり方についても公務員中心で政策立案する手法から、地域の特性を政策に反映させるためには、住民との協働のプロセスが重要であるとの自治研活動の原点を確認した。

　自治労は、公務員中心の組織から「公共サービスの担い手の総結集」として、さらに一歩進めるために、公務員だけではなく公務部門で働く民間労働者も組織し、公共サービスの質の向上を図る取り組みを強化してきている。また、自治体職員が社会的に必要とされる仕事の確立のために意識改革や働き方改革が必要であることを「職の確立」と提起し大論争を経て方針化されたこともあった。

　労働組合が、人員確保や賃金労働条件を要求するのであれば、公共サービスを担う労働者として「市民から必要ある」と認知されることがもっとも大切なことである。そのためには、安心で安全な街づくり政策や質の高い公共サービスの充実のため、公共サービス労

働者は、どのようにすれば良いのかを市民と話し合い、企画し、実現することが不可欠である。市民との協働がなければ、より良いまちづくりも実現しないし、もちろん市民の信頼を築くこともできない。

そのため、先にも述べたように2002年の方針では、「『行政・仕事のあり方』に労働組合が関与し、市民ニーズに対応した自治体施策へ転換していくこと」とも謳われており、自治体職員の働き方改革も示唆した方針となっていることは重要なポイントであると言える。

自治労は、労働組合としての要求を実現させるためには、市民ニーズや地域の特性を活かした街づくり施策を充実させることが重要であると位置づけ、自治体改革運動を進めてきたのである。そして、その基盤となるのが、すでにみた「自治研活動」である。

3 連合のめざす「新しい公共」

連合は、2006年1月19日の中央執行委員会において「公共サービス・公務員制度のあり方に関する連合の考え方」を確認し、その中で「新しい公共」という言葉が初めて使われた。

連合がめざす「新しい公共」とは、「格差社会の危機が叫ばれている今こそ、新しいリスクに対応する公共サービス」を「新しい公共」と位置付け、その重要性を認識し、機能させることが必要であるとした。

また、それを実現するために「その『新しい公共』の担い手は、官、民、NPOなど多様な提供主体のベストミックスによるべきであり、そのため、具体的対案をもって政府に働きかけていくために、①公共サービスのあり方、②公務員制度改革のあり方、③公務員の賃金・労働条件等のあり方」を提言している。

連合がめざす社会は、すべての人に働く機会と公正な労働条件が保障され、安心して自己実現に挑戦できるセーフティネットが組み

込まれた「労働を中心とした福祉型社会」である。そのためには、中央および地方の政府の役割が重要であり、「小さな政府」をめざすのではなく、社会のニーズに適切に応える「有効かつ効率的な政府」をめざすべきであるとしている。

その上で公共サービスのあり方を「リスクの回避や将来不安への備えを個人の自己責任にすべて負わせるという『改革』では、すでに生じている格差や貧困層の固定化、社会不安などの深刻な事態を解消することはできない。（中略）官僚中心主義にも新自由主義にも陥ることなく、適切な公共サービスが公正かつ効果的に提供される仕組みをめざすべきである。」と言及し、公共サービスの提供を官が独占するのではなく、「社会連帯の理念のもと、市民が協働して『新しい公共』を創り上げるための改革こそ求められるはずである。また、『公共』と公共サービスを市民がコントロールできるようなシステム改革が必要である」と提言されている。

多様な提供主体によるサービスと政府・自治体の役割については、再定義の必要性を指摘し、次のように整理されている「防災・災害救助あるいは外交・防衛といった国土と国民の生命・財産を守るサービスや、公衆衛生、行刑、治安、防災など強制措置を含む公権力行使を伴うサービスについては、政府・自治体が直接提供するべきである。また、自治体については、高齢者介護、都市交通など、それぞれのサービス分野における地域のコーディネート役を果たすことが重要である」としている。

さらに、政府・自治体における組織・財源措置・事務事業の改革について、三位一体改革においては、「結果として政府の権限を残したまま国庫負担率を引き下げる手法に終始してしまっている」と指摘し、「地方分権の流れの中で問われ続けている政府と自治体の役割分担を明確にすることである。」としたうえで、「①政府は金融、地球環境、外交、安全保障および通貨、貿易など、国際社会における国家としての存立に関わる事務や全国的な視野に立った施策に特化すること、②それ以外の地域住民に密接な公共サービスは、

自治体が責任を持って担うことが基本でなければならない。」と提言している。

　すなわち、連合のめざす「新しい公共」は、国・地方の役割分担の明確化を図ることで、地方はこれまで以上に責任を持って自立する必要があることを指摘し、住民に一番身近なところで住民参加による公共サービスの質や水準の議論が必要であり、そのことをコーディネートする役割こそが地方自治体職員の使命であると示唆している。

　2006年の連合で議論された「新しい公共」は、公共サービスのあり方や提供を行政の視点だけで決めるのではなく、地域の市民やNPO、企業などと連携してその地域の特性にあった公共サービスの質や水準、その担い手などを決めるシステム改革が必要であり、「官」や「行政サービス」の問題点を克服しながら、多様な提供主体とのベストミックスを市民と協働して「新しい公共」を創造することであるとされている。

　連合が「新しい公共」を打ち出した同年（2006年）に自治労は、「地域の公共の力」を提起し、自治体改革運動をさらに前進させ自治研活動の推進を目指している。

4　自治研活動　～全国での取り組み実践～

　ここでは、自治労の自治研活動の実践リポートの紹介をしていきたい。自治労は、1957年から地域での取り組みをリポートにして自治研集会（現在は2年に1回）に持ち寄り、分科会で発表を通じて参加者や研修者との経験交流を深めていくことで地域での自治研活動を根付かせ広げてきている。

　発表されたリポートがまさに、社会へ波紋を投げ公害問題に発展させたのが、四日市市職のリポートであった。1957年に第1回甲府自治研集会が始まり、2010年第33回愛知自治研集会まで数えきれない多くのリポートが報告されている。その中から特徴的なものを紹

介していきたい。（自治労ホームページに掲載）

4-1　1961年第5回静岡自治研集会 「公害訴訟を成功させよう」
三重県本部／三重県職労、四日市市職労

〈概要〉

　四日市の石油コンビナートは、高度成長期の地域開発のモデルであった。当時は、四日市にならえと各自治体では、石油コンビナートの誘致を考えていた時代であった。四日市コンビナートは、他のものと違い石油を使った世界最新鋭で技術的にも優れており、公害は発生しないと言われていた。

　三重県では、1960年ごろから深刻な公害問題が起きているということで、三重大学や名古屋大学の教授に依頼して調査報告をまとめていたが、門外不出とされていたと言う。

　勇気ある方々の判断で、労働組合と大学の研究者のレポートに基づいて、石油コンビナートが原因で800人を超える喘息患者がいること、また、四日市港の魚も石油臭くて食べられないことなどが報告され衝撃が走った。その後、マスコミにも大きく取り上げられ住民による公害反対運動へと発展し社会問題化した。

　また、この四日市問題がきっかけとなり、1963年1964年には、三島、沼津、清水の石油コンビナート誘致反対運動につながった。まさしく自治研活動が、市民を巻き込み地域を守る運動へと発展していった重要な事例である。（2008年：月刊自治研）

4-2　沼津における挑戦「清掃差別」との闘いと分別収集
静岡県本部／沼津市職労

〈概要〉

　当時も現業労働者に対する職業差別と合理化攻撃は根強くあり、1960年にこれに対抗するため自治労の現業評議会では、清掃改善闘

争を開始し、それに引き続き、現業統一闘争から現業・公企統一闘争に発展していった。そして1991年には、自治労現業評議会が、政府の現業切り捨てに抗して市民ニーズに対応した現場労働の活性化をめざし、「現業（現場）活性化運動」を提起している。

　沼津の取り組みは、合理化攻撃や職業差別などを受けている最中にあっても反対運動ではなくて住民の理解を求める運動へと発展させた。

　それは、若手組合員の勇気のある発言から始まった。当時、処分場をめぐって住民運動が激しくなり、ピケットを張って清掃車を立ち往生させるなど清掃現場と住民が対立した状況にあった。そのような中、「住民だけを悪者にできない」その発言から職場内での議論が始まり、職場全体の意識改革につながり、結果として世界でも初めてといわれたごみ分別収集の方式が、すなわち「沼津方式」が誕生したのである。まさしく職場自治研の成果であった。

　沼津市では、ごみ処分地の継続使用をめぐって市と市民との間で紛争が起きていた。市民のピケなどで清掃車が立ち往生することもあり、現業職員は、清掃事業に対する社会的差別の表れであると受け止め、断固たる姿勢で臨むべきであるとの意見もだされた。しかし、職場で話し合う中で、次のような異論もでた。①住民だけを悪者にできない。というのも有価物を抜き取りそれらを売って得た金が当時の職員の私的な収入になっている、②職場の内部問題、③清掃差別と言うが、自分たちが清掃職員であることを隠すなど、自分で自分を差別していることもある、こうしたことを反省し、数人の若手職員から新たな取り組みが始まった。

　その内容は、①有価物の売却はいっさいやめる、②資源ごみの分別収集と選別回収は、市の新しい正式の清掃事業として位置づけ、市の直営事業として増員はなしで行う、③市の清掃職員の作業服に自分の名前を縫い付けることとなった。この取り組みから「資源ごみのリサイクル」が歴史的に始まったと言っても過言ではない。

　この取り組みによって、清掃職員の意識を変え、分別の説明など

を現業職員が行うことにより住民からも清掃職員に対する意識が変わり、清掃事業にたいして社会的評価を高める結果となった。多くの自治体がこの沼津方式に習えと視察や研修がされ、全国に普及していった。現在では当たり前になっている分別収集のルーツがここにある。

4-3 市民とともに歩む〜「八雲むらプロジェクト」の取り組み〜
島根県本部／松江市職員ユニオン

《概要》

　平成の大合併により、新しい市のあり方や将来像が定まらず、地域課題が浮き彫りになったことを受けて、松江市職員ユニオンは、2006年に「八雲むらプロジェクト」を立ち上げた。

　地域活性化については、労働組合もその社会的責任をはたすべき運動分野であり積極的な参加が求められているとの認識から、①地域における環境保全事業、②各種事業を通じた地域住民との交流・連帯、③組合員、家族のための自然体験学習の場の創出、などを目的とした事業を展開することとした。

　具体的な取り組みとしては、耕作放棄地の活用があげられる。プロジェクトでは、地元農家から田畑を提供していただき、2008年にはさつまいも、2009年からはもち米の栽培を八雲町の地元の人々と組合員とその家族が一緒に実施してきた。

　また、八雲町でこれまでさかんに行われていた炭焼きの体験を子どもたちとすることで、自然との調和を体感してもらい、地元地域の方々と組合員および家族がこのプロジェクトを通じて交流も盛んになってきた。

　この取り組みをつうじて、地域の高齢化や後継者、労働力不足から①耕作放棄地の対策、②荒廃した竹林の整備が課題となっていることを再認識したと言う。この課題を解決するために私たちだからこそできることを「気づき」の発見から始め、八雲プロジェクトは

現在も活動の輪を広げながら取り組みを継続している。

　この取り組みは、職場で日々の業務に追われるなかで仕事をしている私たちが、地域へ出てそこで暮らす人々と触れることで新しい発見＝気づきが生まれ、その解決のために行政に出来ること、さらには一人ひとりが出来ることをあらためて考えるプロジェクトである。

　地域に根ざす地方公務員が、八雲村体験を通じて、地域とのかかわりをあたらためて考え、わたしたちに何が出来るのか、その可能性を探り、形にして体験を積むことで、より質の高い公共サービスとは何かを見つけていく出発点でもあると言える。リポートでは、「より多くの人が手を取り合い、松江市を今よりもさらに希望とよろこびを持って住めるよりよい都市に育てていくよう取り組んでいきます。」と結ばれている。

5　自治研活動の到達点～市民のしあわせ、職員のやりがい～

　自治労は結成してまもなく、自治研活動を提起し半世紀以上もその取り組みを職場、地域で展開してきている。しかし、時代の変遷とともに公務部門に対する地域からの視線はますます厳しくなり、自治体職員は仕事へのやりがいを感じる前に住民からの「苦情」、「不満」の声に押しつぶされそうになっているのが現状となっている。

　労働組合や自治体職員に対するバッシングをなんとかするためには、住民が自治体職員の仕事を理解し、住民に信頼されることが求められているのではないだろうか。そのためには、自治研活動がめざしてきた「住民の自治を守り、民主主義を発展させるための自治労の運動」の原点に立ち返り、「なぜ、労働組合が自治研活動に取り組むのか」をしっかりと考える必要があると言える。

　労働組合としての政策提言の取り組みの基礎となるのが、自治研活動である。自治研活動を推進するにあたっては、多くの研究者の

方々のご助言を頂いてきたことも記録にとどめなければならない。また、これまで多くの作業委員会を設置し調査、研究を行い、政府やまちづくり政策への反映をしてきている。作業委員会では、環境、農業、エネルギー、防災、医療、福祉、臨職非常勤の処遇改善、自治体職員の働き方改革などを提言し報告書としてとりまとめていることも自治研集会を盛り上げてきた要因のひとつである。

　自治研活動を通して、職場、地域での活動を通じて得た情報を企画に結び付け、地域の特性に合わせた政策を実現させることができれば、労働組合の活動が住民に理解してもらえるのではないだろうか。

　これまで自治労の自治研活動から多くの「自治研屋」と呼ばれる活動家が誕生し、職場や議会、NPO活動など幅広い活動を展開している。自治労は、これからも自治研活動を通じてこの「自治研屋」を増やしていかなければならない。

　地方財政の大幅な減少は、自治体職員の削減と正規職員から非正規職員への転換でしのいでいる状況にある。そのような中で、「自治研活動をしよう」と掛け声をかけるだけでは、何も始まらない。「自治研活動がなぜ必要か」、「なぜするのか」を一人ひとりの組合員が理解しなければ始まらないである。

　そのために、愛知自治研の終了後、自治労では、自治研活動の実践ために「THE　JICHIKEN」を冊子として作成し、先に作成をした「自治研きのう、今日、あした」のDVDとともに職場や単組での学習会に活用するように取り組んでいる。

　自治研活動は身近な「気づき」から誰でも始められることを理解することによって、地域の中で住民と「対話」するなかから「気づき」の発見があり、そのことをまちづくり政策や公共サービスの質を高める企画立案につなげることができるのである。

　地方財政が危機に陥っている現在、そのしわ寄せを職員の定数削減や給与カットや公共サービスの水準調整で補填するのではなく、自治体全体のサービスのあり方を住民とともに議論し、どのように

あるべきなのかを考えることが必要ではないだろうか。

　そのためには、今こそ、自治研活動の原点に立ち返り実践する時にきていると言える。そのことを辻山は「自治研は「住民のために」だけでなく、そこで働く職員自身がやり甲斐と自信を持って仕事が出来ることをめざす運動です。誇りを持てなければいい仕事をしようという意欲がでてこないものです。公務員制度改革が進められようとしています。これが実現すると、自治体職員の給与に関してもこれまでのような人事院・人事院勧告に準拠といったやり方でなく、それぞれの自治体労使で根拠を明確にしながら交渉することになります。一方では、この労使交渉に組合員の団結の力を発揮していくとともに他方、真に住民の安心・安全を高めていく仕事になっているかを点検し、改善策を住民とともに練っていく活動が求められているのです。」（辻山 2011年：pp30-31）と示唆している。

　まさしく、地域政策を住民とともに考える自治研活動は、住民をしあわせにすることであり、そのことが職員のやりがいにつながると言える。

　この積み重ねこそ、遠回りに思えるかもしれないが、住民から職員への信頼を取り戻す一番の近道であるため、自治労は、自治研活動の原点である「住民の自治を守り、民主主義の発展」に立ち返り、誇りを持って更なる取り組みを強化しなければならない。（南部美智代）

■ 参考文献
《著書》
松下圭一『都市政策を考える』（岩波書店, 1971年）
松下圭一『シビル・ミニマムの思想』（東京大学出版会, 1971年）
地方自治センター資料編小委員会編『資料・革新自治体』1990、同
　『資料・革新自治体（続）』、1998年、ともに日本評論社
辻山幸宣（1997）『自治総研ブックレット56　地方分権と地方自治

体改革』
地方自治総合研究所
《論文》
逢坂誠二（2011）「3・11後の原子力と地域を考える」
月刊自治研625号
島根県本部松江市職員ユニオン
「市民とともに歩む「八雲むらプロジェクト」の取り組み」
自治労ホームページ
辻山幸宣（2011）「なんとかしなくては…その思いが、自治研活動
　のはじまりです」自治労「THE JICHIKEN」
寄本勝美（2006）「ふり返っての自治研活動」月刊自治研566号
《資料》
全日本自治団体労働組合（2002）「自治労方針（2002-2003年度）」
全日本自治団体労働組合（2003）「いま、労働組合にできること自
　治研活動のススメ」
全日本自治団体労働組合（2006）「自治労方針（2006-2007年度）」
全日本自治団体労働組合（2010）「自治労現業評価委員会　最終報
　告」
全日本自治団体労働組合（2010）「自治研きのう・今日・あした」
　DVD
全日本自治団体労働組合（2011）「THE JICHIKEN　自治研活動の
　実践」
日本労働組合総連合会（2006）「公共サービス・公務員制度のあり
　方に関する連合の考え方」

第3部

9章　21世紀の労働者自主福祉事業と地域生活公共

高橋　均　労働者福祉中央協議会前事務局長（中央労福協）

10章　協同組合の連携の可能性：労金と労済、生協

山口　茂記　中央労働金庫副理事長

11章　ソーシャル・ガバナンスと日本のサードセクターの課題

栗本　昭　公益財団法人生協総合研究所理事

9章
21世紀の労働者自主福祉事業と地域生活公共

高橋　均　労働者福祉中央協議会前事務局長（中央労福協）

1　連合組織拡大方針の実践の中から見えてきたこと

1-1　組織化を最重点課題に掲げた連合「21世紀宣言」

　21世紀が明けた2001年1月、連合は「労働を中心とする福祉型社会」の構築をめざした21世紀宣言を採択した。そこでは、「組織化に労働組合の人的・資金的資源を集中し、パートや派遣で働く仲間を放置せず、大きな連帯の輪に包んでいく」と組織化を最重点課題に掲げ、すべての労働者を対象とした社会的労働運動を進めることを宣言したのである。

　そして、2001年10月の第7回的大会では、「ニュー連合運動」と称して、組合づくり・アクションプラン21と名付けた組織の強化・拡大の具体策が提起されることとなった。

　具体的には当時、連合本部の専従者約120名のうち4名だった組織拡大の担当者を20名に増やし、予算も全予算の20％があてられた。また、全国におよそ100名のアドバイザーの配置と全国共通フリーダイヤルの設置で、労働相談体制を飛躍的に充実させようとしたのである。そして、労働相談から組合づくりの道を開くと同時に、一人でも加入できる連合「地域ユニオン」の活用で、団体交渉による問題解決機能をも期待したのであった。

1-2　100人未満の企業で働く労働者は半数、組織率は1.1％

　こうした実践を通して、地域ユニオンに加盟する組合員は着実に増加し、45地方連合会で482組合、15,137人（2012.3月現在）となっている。とくに中小・地場企業に働く労働者からの相談と加入は今も多い。

　しかし、99人以下の民間企業で働く労働者の数は、約2,500万人と雇用者総数約5,500万人の半数近くを占めているにもかかわらず、その組織率はわずか1.1％、組合員数でわずか24万人にとどまっており、組合数も減少傾向にある。1994年以降この漸減傾向には歯止めがかかっていない。

　また、雇用者総数は168万人増加（2010／1994比）しているが、パート労働者が453万人増え、フルタイム労働者が285万人減少しているので、正規社員285万人がパートに置き換わっただけでなく、増加した雇用者はすべてパートで雇用された計算になる。

　そして、組織化を最重点課題にして取り組んできた結果、パート労働者の組織化は企業別労働組合の努力もあって着実に進みだしている（組織率5.6％）ものの、中小・地場企業における組織拡大は思うように進んでこなかったのである。

　理由の一つに、中小・地場企業においてはそもそも「企業別労働組合は現実的なのか？」という根源的な問題があるように思う。たとえば、10〜20人の企業を思い浮かべてみよう。毎日、同じ場所で社長と机を並べている、あるいは仕事の現場で一緒に作業をしている。そこに企業別労働組合を作ったとして、仕事を終えて「社長」vs「委員長」という団体交渉ができるかといえば、私はきわめて難しいと思うのだ。

　むしろ、地域ユニオンに加盟して、労使関係に問題が生じたときには、地方連合会・地域協議会の役員が社長と交渉するというスタイルのほうがはるかに現実的ではないだろうか。企業別労働組合の

役員は、なんだかんだ言っても、社長が怖いのだから。企業規模が小さくなればなるほど、雇う側と雇われる側の関係性がより近くなり直接見えてくるだけに、企業別労働組合は機能しづらくなってしまう。

ところが、企業別労働組合はいずれかの産業別労働組合に加盟するという連合の組織原則（産別中心主義）からすると、地域単位で完結する地域ユニオンは組織原則に反してしまう。そのため、地域ユニオンは、近い将来しかるべき産業別労働組合に加盟するまでの「止まり木」として暫定的な位置付けで発足せざるをえなかったのである。

地域ユニオン発足から15年経過した2012年5月、連合は地域で完結する「ローカルユニオン」を制度化する方針を決定した。これは、連合の組織方針の一大転換で、今後の飛躍的な展開に大いに期待したいと思う。

1-3　中小・地場企業労働者の関心は「産別」よりも「地域」

もう一つ見えてきたことがある。地域ユニオンに加入する労働者はもとより、中小・地場企業における企業別労働組合にとっても、「産業別労働組合」は必ずしも自分たちに身近な存在とは映っていない。むしろ、異業種であってもその地域ユニオンの仲間や地域における同規模の労働組合に、より親しみを持つ傾向にある。

また、8割以上の未組織労働者、とりわけ雇用労働者の2/3以上を占める中小・地場企業で働く労働者、パートタイム労働者が現に働き生活しているところで様々な悩みを相談し、発言する「場」がないことにも気づかされたのである。

考えてみれば、これまでも日本の労働運動は、地域ぐるみ・職場ぐるみの「地域労働運動」を重視してきたが、どちらかといえば「職域」の地域における運動にとどまるきらいがあった。全国主要都市471か所におかれていた連合の地域協議会の事務所一つとって

も、その地域の主要な大手単組の事業所（工場）内に間借りするのが一般的であった。そのため、地域における未組織労働者が相談に訪れるのはそもそも物理的に不可能だったのである。

2　地域労働運動の強化～地域協議会の再編とワンストップサービスへ

2-1　職域地域と生活地域

　こうして、組織率低下に歯止めがかからない危機感からスタートした連合の「組織拡大」運動は、それを進めていくうえでも今までの「職域地域」の延長線上ではなくて、現に生活している地域、「生活地域」に未組織労働者に開かれた「拠点」が必要だという認識に至ったのである。

　産業別労働組合の「地域」という概念は、職域における概念である。たとえば、電機連合東芝労組の○○工場という意味では地域ではあるけれど、それは電機産業という職域におけるある一つの地域を指し示しているにすぎない。いってみれば、それは「職域地域」とでも名付ければいいのだろう。

　いっぽう、圧倒的未組織の中小・地場企業労働者の関心は、現にそこで生活し仕事をしている、いわば「生活基盤を持った地元」という意味で「生活地域」にある。

　つまり、8割を超える未組織労働者に産別が従来の職域の延長線上でアプローチするだけでは組合員を増やすことは難しいのではないか。そのため、生活地域は地方連合会と地域協議会が責任を持って取り組んでいくという「地域運動」強化の方向性が提起されることになったのである。「職域地域」における組合員のサービスは産別の責任、「生活地域」における生活者としての組合員や退職者、市民のサービス機能は地方連合会と地域協議会の責任、とお互いの役割分担を明確にしたといっていい。

これは、地方連合会と地域協議会の責任と権限を強化する意味で、「産別中心主義」の連合組織方針の事実上の転換であった。（2005年10月）

2-2　生活地域に開かれた拠点を持つ

　ところで、当時の連合の財政規模は、本部40億円、地方連合会100億円で、そのうち地域協議会への交付金は20億円に過ぎなかった。平均すると1か所年間400万円程度の財政規模になる勘定だ。そのため、ほとんどの地域協議会では専従者を置くこともかなわず、事務所も大企業の工場の組合事務所に間借りせざるをえなく、とても市民に開かれているとは言えない状況だったのである。
　しかし、街中に事務所を構え、専従者を配置するだけで、年間最低でも1,400万円程度は必要であり、問題はその財源をどう確保するかにあった。
　そのため、本部会費の値上げを検討したものの当時は構成組織の合意が得られず、本部財政の中から新たに3億円を地域協議会の交付金に拠出することで、当面106か所の地協からパイロット的にスタートさせることとなった。
　あれほど反対が強かった会費引き上げについては、2011年1月から5円、2012年1月からさらに5円、合わせて10円引き上げられ（合計95円／月額）、主に地域協議会財政に寄与することとなり、地域協議会強化のさらなる具体化が進んでいる。
　「企業別労働組合の限界を突破し、支援を求める働く者すべてに貢献する社会的運動として再出発する必要性がある。この方向に変革できないときには、労働運動の質・量ともに基盤は崩壊する」……これからは「地域組織強化に向けて人の配置や財政の配分を見直していこう」。これは、2年間の議論を経て、2005年10月の連合大会で確認された「地域協議会の具体的実施計画」の冒頭に記された内容である。運動と財政のはざまで苦しんでいた当時の連合本部

の率直な心情の吐露である。

こうして、新たな地域協議会の活動が始まったのである。

2-3　地域協議会の機能とは〜ワンストップサービスを求めて

ところで、街中で自前の事務所と専従者を配置してどのような機能を発揮させようとしたのか。

そこでは、労働組合法でいうところの団体交渉機能にとどまらない。一言でいえば、「よろず市民相談所」的な機能を持たせようとしたのである。中小・地場企業で働く労働者や地域の市民が困った時に、あそこへ行けば問題解決の糸口が見つかる、しかもたらい回しではなくワンストップでサービスが受けられる、そんな場所にするというのを目標に掲げた。

困ったことは労働問題だけではない。多重債務の相談、交通事故示談・相続・離婚などの法律や税務の相談、退職者や女性の抱える問題、介護や子育ての悩み、さらに、市政全般にわたる相談、定年前のライフサポート相談、自宅のリフォームやパソコン教室にいたるまで多岐にわたっている。もちろん、労働組合は団体交渉機能があるので労働相談の対応はしっかりできる。金融や保険、消費者問題なら労働金庫や全労済、生協が日常業務の延長線で対応できる。法律相談や税務相談は労働組合の顧問弁護士や税理士につなぐことが可能だ。連合推薦議員が定期的に市政の相談を受けることもできるし、退職者が集う場ともなる。連合の組合員には介護や子育てを仕事にしている人や大工さんまで、その道の専門家は無数に存在している。

地域協議会の事務所には「連合」の机、労働金庫や全労済の机、NPOや女性の机、退職者の机というふうにいろんな机があって、組織を超えて出会える場をイメージしてもらえればいいだろうか。

名称も画一的に○○地域協議会と称する必要はない。ワンストップサービスセンターでもライフサポートセンターでも地域に応じた

名称で構わない。事業内容も106通りのモデルがあり、あそこに行けば問題解決の糸口が見つかる、という「場」にしたいと思ったのである。

2-4　運動スタイルの転換〜コーディネート機能を持つ

　このような多岐にわたる課題を数少ない専従者で対応することは不可能である。そこで、これまでの労働組合の運動スタイルを変えることで実現させようとしたのであった。

　これまで労働組合は、何でも自前でやっていこうとする傾向が強かったが、これだけ多岐にわたる課題に対応するには、財政的・物理的な限界とは別に、数少ない専従者では能力的にも不可能である。そのため、地域協議会の専従者は、必ずしもさまざまな課題に精通している必要はない、むしろその道のプロを結びつけるコーディネート機能を持てばいいのではないか、と考えたのである。周辺を見渡せば、労働組合の役員や組合員だけでなく、労働金庫や全労済、弁護士や税理士、NPO団体や政治家などその道の専門家には事欠かない。そういう方々が自由に出入りできるような運動のスタイルを考えたのである。数少ない地域協議会の専従者の、その道のプロをたくさん知っている能力とそのプロを結びつける力量に期待した、といっていい。

　しかし、労働組合の一部には55年体制の残滓ともいうべき過去のイデオロギーに拘泥する傾向がまだ色濃く残っている。特に、各地で目覚ましく発展している特定の分野に精通しているNPOや市民団体との連携には躊躇することが多い。それは、運動する中身よりも運動をけん引するリーダーの出自を問うて拒絶する体質とでもいえばいいだろうか。

　けれども、これからは組織のたてまえやメンツよりも「実現したい事柄で連携する」合理性を持つことが必要ではないのか。これまでの組織論を超え、運動スタイルを転換しなければならないと訴え

たのである。

3 連合の地域重視政策と中央労福協のライフサポート事業との結びつき

3-1 中央労福協（労働者福祉中央協議会）の歴史

　第二次大戦直後の食糧危機や生活物資の不足が深刻化する中、労働者の生活必需品をみんなで調達しようと、政治的イデオロギーによって分裂・分立していた労働組合がその枠組みを超えて連帯し、生協（生活協同組合）とともに運動母体を結成したのが中央労福協の始まりである（1949.8.30）。

　その後、中央労福協と労働組合を母体に労金（労働金庫）が作られ、ついで全労済（全国労働者共済生活協同組合連合会）が誕生してきたのである。その後も住宅生協、労働者福祉会館、勤労者旅行会、労働者信用基金協会、労働者協同組合などが加盟して労働者福祉の陣営が広がってきた。またこの間、全国に地方労福協が結成され、現在では47都道府県すべてに地方労福協が作られている。

　このように、中央労福協は結成当初から「上部組織の枠を超え、すべての労働組合と福祉事業団体が参加して結束する」、いわば「福祉は一つ」という創業の精神を持ち続けているのが特長である。

3-2 連合の結成と労福協運動の再検討

　ところで、1989年に労働戦線統一組織としての連合が結成され、それまでの中央労福協の存在やあり方に大きな影響を与えることになった。それは、中央労福協の役割の一つであった分立するナショナルセンター間の調整機能が必要でなくなったことが端緒であった。しかし、それだけでない。労働者自主福祉事業をトータルに推進する中央労福協の機能をも連合がカバーし得るのではないか、と

いう議論が労働組合や事業団体からも出されたためでもあった。

　しかし、歯止めのかからない組織率の低下、非正規労働者の増加、自己責任・成果主義を強調した新自由主義政策のもとで急速にすすんだ貧困・格差を前にして、中央労福協はそれまでの組織労働者を対象とする労働者福祉から、未組織労働者さらには国民的福祉へと運動領域を広げることで、あらたな存在感を示すことになった。連合より一歩先んじで、NPOや市民団体などもふくめたネットワーク型で運動・事業を組み立てていく発想の転換と、自らはそのネットワークをつなぐコーディネーターとしての役割・機能を発揮していくことにしたのである。

　それは、「福祉は一つ」の理念で発足した労福協がその創業の精神に立ち返ったことを意味している。

3-3　ライフサポート事業の推進に向けた4団体合意

　2003年に地方労福協を中心に①中小企業勤労者福祉、②介護サポート、③子育て支援、④退職者との連携、⑤ライフセミナーをテーマに5つの重点政策課題プロジェクトが立ち上がり、相互に学び合いながら地域社会におけるサービス供給の主体となる実践が始まった。ちょうど連合が地域協議会強化を議論し始めたころである。

　こうした活動がベースになり、2005年8月には連合、中央労福協、労働金庫協会、全労済の4団体が、連合の地域協議会再編・ワンストップサービスと連動しながら、勤労者の暮らしにかかるサポート事業（ライフサポート事業）を推進する合意が成立することになった。

　合意確認文書では、「4団体は、目的を同じくするNPO諸団体とも連携し、全国の都道府県における地域を拠点としたワンストップサービス（総合生活支援サービス体制）の実現に向けた共同の体制作りを進める」とうたっている。

　こうして、連合と中央労福協がそれぞれ異なる動機と議論プロセ

スを経てたどり着いた、生活の場である「地域」の拠点づくりは、4団体合意で大きく前進することになったのである。（2012年6月現在、連合の地協は全国に260箇所、中央労福協のライフサポートセンターは219箇所に設置されている。）

3-4　事業団体の協力

　労働金庫や全労済は、法律で「政治的中立」が定められている。そのため、連合の地域協議会（選挙時には政党や立候補者のポスターが張り出されるのが通常）に対する関わり方はきわめて微妙で慎重にならざるを得ない。

　その点、地方労福協は労働金庫・全労済が加盟団体であるので、さまざまな協力を得ることが可能である。特に人的な協力はきわめて力強い。労働金庫・全労済の職員や再雇用者、OBの方々の多くはファイナンシャルプランナーの資格があり、仕事上も金融・保険に関わる生活相談や多重債務者対応に精通している。これらの人材は労働金庫・全労済の業務推進にとっても労働運動にとっても市民運動にとってもきわめて有効で貴重な存在だからだ。

　さらに、多くの地方労福協は、行政とも広範な連携をとれる立ち位置を活かして、労働金庫・全労済だけでなく生協やNPO・市民団体、法曹界ともジョイントして、内閣府のパーソナルサポートサービスや寄り添いホットライン事業など国や自治体の事業も引き受けている。

4　労働運動と協同組合運動の関係性〜過去と現在

4-1　労働者自主福祉事業の歴史

　1949年11月の総同盟第4回大会では、相互扶助の精神に立脚した

自主的な「共済事業」と「労働銀行」の創設が決議されている。翌年7月の総評結成大会でも「罷業金庫・中央労働金庫設立」の方針が掲げられ、1951年3月の第2回大会では、「労働者個人の生活資金の融資は、銀行に預金を持ちながら、一切融資の途を絶たれているので、高利の質屋か闇金融にたより、益々生活の困窮に拍車をかけている」と「労働銀行創設に関する件」が独立した議案として決議されている。こうして、労働組合と労福協の協力で1953年の労働金庫法制定に結びつくことになった。

また、労働者共済事業についても、労働運動や労福協の場で設立に向けた議論が行われ、1954年に大阪で、翌年5月新潟の労福協で火災共済事業が始まった。その直後の1955年10月1日未明に起きた新潟大火を契機にして、共済事業が全国に展開していくのである。なぜ、新潟大火が大きなきっかけになったのか、その経緯を記しておきたい。「借りた金は返せるが、失った信用は二度と戻らない」と、掛け金収入をはるかに上回る1千万円もの見舞金を、新潟県内の労働組合や新潟労働金庫からの借入金で迅速に給付し終え、火災共済の信用が一気に高まったのである。共助の実績を目の当たりにして、他県の労福協が次々と共済事業を開始する契機になったという意味で、新潟大火は記憶にとどめておくべきであろう。火災共済は危険を分散すればするほど安心できることから、新潟大火直後、中央労福協に共済懇話会が生まれ、労済設立世話人会議へと発展、ついで労済協議会・労済連、そして今日の全労済につながっていくのである。

協同組合組織として発展してきた労働金庫・全労済は、労働組合が中心に作ってきた歴史的経緯から、「労働者自主福祉事業」と呼ばれている。

4-2　歴史を忘れた民族は滅ぶ～初心に立ち返って

労働金庫や全労済が設立された当時は、労働組合役員と事業団体

の職員が一体となって組合員をオルグし普及活動を行ってきた。産別・単組の大会や執行委員会、職場集会にも参加するなど、労働者自主福祉運動をともに運動を担う存在であった。組合の運動方針には必ず「労働金庫運動・全労済運動の推進」が掲げられていたものである。

その結果、全国13の労働金庫は、あわせて17.5兆円の預金量、融資額11.5兆円を超える金融機関に、全労済は全国で680兆円の保障を引き受けるまでに成長した。

ところが、最近では労働金庫・全労済と労働組合の関係があたかも「業者」と「お客さま」の関係に変容してきたのではないか、という指摘を数多く受けるようになった。それは、労働金庫・全労済の職員が労働組合を訪問する際の言葉使いにも表れている。「オルグに行く」から「営業に行く」、「お疲れさま」から「ありがとうございました」へ、などと。一方の労働組合役員も労働金庫・全労済を業者の一つと見なすような傾向が強くなっている。「最近サービスが悪いぞ、他の業者に変えるぞ」といった言葉が平気で交わされるようになってしまったのである。

事業団体の歴史を知らないだけでなく、そもそも労働金庫・全労済、労福協のことを全く知らない組合役員も増えている。職場の組合員ならなおさらと見なければなるまい。

歴史を忘れた民族は滅ぶ、という格言がある。もう一度設立時の初心に立ち戻り、労働組合と事業団体が「ともに運動する主体」であるという自覚が、われわれに求められている。そうした運動の積み重ねが、組合員の利用促進につながってきたのだから。

4-3　労働組合・労福協・労働金庫・全労済と生活協同組合の関係性

中央労福協が労働運動と生協を母体にして作られたことは先に述べた。生協を母体にして誕生した信用組合（労働金庫の前身）もある。にもかかわらず、今日その関係にはそれぞれ温度差が生じてい

る。

　たとえば、生協は今も中央労福協の主要な加盟団体の一つであるけれど、地方労福協に地元の生協が加盟している例は多くはない。労働金庫法上、有力な会員であるはず生協事業に対する労働金庫の融資残高はわずか92億円と全体の融資額の0.01％にも満たない。縦割りの行政指導のもとでそれぞれが独自に事業展開し、発展（成功）してきたため、お互いをビジネスパートナーとして見る必要がなかった結果でもあろう。

　もっとも、共済事業を共同で展開してきたことから、全労済と生協の関係には深いものがあるが。

　同根であったはずの労働組合と生協の関係はいつの間にかきわめて疎遠になってしまっている。員外利用の禁止、県域規制などの法的規制から、全国展開する労働組合との接点が持ちづらかったこと、班と共同購入を原則とする組合員のほとんどが女性で労働組合員と重なり合わなかったこと、生協の消費者運動や環境運動が当時の労働運動の主要なテーマになりえていなかったことなど、様々な理由が考えられる。

　また、戦後労働運動の分立と対立の歴史が結果として、労働運動と労金・全労済・生協運動との間に微妙な影を落としていた事実も指摘しておかなければならない。

　加えて、連帯経済の担い手である協同組合どうしや労働組合やNPO・市民団体との間を横断的に結びつける「かすがい」役が存在していなかったことが、今日の分断された状況を生み出したのではないだろうか。

4-4　協同組合（連帯・助け合い）であるという認識の希薄化

　さらに、労働組合の側にもたとえば、「労働者が困ったときに労働金庫が助けるのは当たり前、貸出金利はどこよりも安く、しかも預金金利はどこよりも高く」という主張に見られるように、協同組

合に対する過剰な期待があるように思われる。これは、協同組合（金融）は連帯・助け合いを基礎として成り立っているという認識が希薄化していることの表れである。

いうまでもなく協同組織の神髄は、連帯・支え合い・助け合い、つまり"困ったときはお互いさま"にある。しかし、連帯・助け合いという言葉はきれいに聞こえるが、実はそう簡単なものではない。本当に困っている組合員に融資するための資金は、さしあたり今は困っていない組合員の預金が充てられる。連帯し支え合う人々の利害は時として、立場によって対立することもある。

情けは人のためならず〜ぐるっと回って自分のためになるのだという連帯・助け合いの意味を、労働組合も再認識する必要があろう。労働運動がめざす「連帯社会」は、いい時も悪い時も支え合う、お互いの違いを認め合い、他人との煩わしい関係も受け入れながら、みんなが少しずつ折り合いをつけながら生きていく社会なのだから。

労働金庫は市中の銀行と全労済は生損保会社と、生協はスーパーマーケットと市場で日々競争にさらされている。労働組合・組合員が協同組合にサービスの「いいとこ取り」だけを求めていては、そもそも協同組合事業は成り立たないのである。

4-5 「非営利」の今日的意味を問う

生協法は第9条で「営利を目的としてその事業を行ってはならない」と規定している。労働金庫法第2条にも同じ規定が置かれている。そのためか、「非営利の労働金庫や全労済が利益を出しているのはおかしい」という"美しき"誤解を生んでいる。しかし、協同組合事業であっても一定の収益がなければ事業を継続しえないのは言うまでもない。

では、「営利を目的としない＝非営利」をどう理解すればいいのだろうか。

1947年11月に制定された農業協同組合法第8条の「営利を目的としてその事業を行ってはならない」は、英文官報ではnot the paying of dividends on invested capitalと訳されているが、翌年7月の生協法では同じ日本文が、not profit makingに英文官報だけが変えられている。そこから、農協法制定時の立法府（もしくは占領軍）は、出資金に配当しない事業体を「非営利」（したがって出資金に配当する事業体を「営利」）と理解していたと考えられる。しかし、一定の出資配当を認めていた戦前の産業組合法を受け継いだその後の生協法においては、出資配当を明快に禁止していると読める英文だけを変更せざるをえなかったのではなかろうか。

　その結果、「営利」「非営利」の区分けが不明確になり、「非営利」という言葉は、一般的にはせいぜい貪欲な金儲けをいさめる倫理規定的な理解になりがちである。

　こうした歴史的経緯を受け止めつつ、現在の協同組合の定款上の規定と現実的に行われている出資配当を含めた配分実態を踏まえ、「剰余金の処分は利用に応じた配分を第一義とし、出資金の配当は劣後にする」ことを「営利を目的としない＝非営利」の今日的意味としてとらえたらどうだろうか。

5 労働運動と協同組合の未来～「生活地域」への貢献

5-1 事業を通じて「共益」から「公益」へ～地域社会への貢献

　中央労福協は、2012年を国際協同組合年とする国連総会宣言も踏まえて、暴走する市場経済の負の側面を縮小・相対化する連帯経済の担い手としての「協同組合」の新たな展開に関する研究会を発足させ、協同組合がメンバーシップを基礎としつつ公益的機能を発揮していく必要性を提言としてまとめた。（2011.11「協同組合の新たな展開に関する研究会」報告）

実際、研究会が行った実態調査では、共助の組織でありつつ、事業を通じて公益に寄与する積極的な活動を行い、成功している事例がいくつか紹介されている。

　本体事業の一環として、在宅介護や高齢者住宅への配達、買い物弱者や高齢者への生活支援などの地域サービスを展開しているもの、医療・福祉・介護サービスの供給自体を目的とした協同組合を設立し、地域社会に貢献している事例、組合員からのカンパを原資に別法人を設立し高齢者福祉事業を展開しているもの、産地との交流を基礎にしつつ、行政や農協とのネットワークを広げることにより、地域の活性化に寄与する産直運動の事例などなどがあげられている。

　人びとが現に生活している場（生活地域）で、生活に必需的なさまざまな社会サービスの提供に協同組合が役割を果たすことは、同時に新たな雇用・就労の場を作り出すことにもなるわけで、二つの面で公益性を発揮することにつながってくるのである。

5-2　本業の融資で公益性の発揮～労働金庫への期待と可能性

　こうした協同組合のあらたな事業を後押しするために、本来は労働金庫からの事業融資・協力が欠かせない。

　しかし現実には、労働金庫の2号会員である消費生活協同組合および連合会に対する融資残高は3,600億円強、うち生協の事業運営や設備資金などいわゆる事業資金の融資額は、先述したとおり92億円に過ぎない。さらに、労働金庫法で、金融庁長官及び厚生労働大臣が融資先と認めている（施行令第3条）地方公共団体へは2,200億円、社会福祉法人15億円、NPOへの融資残高は12億円、医療法人に至っては2011年には融資実績がゼロになってしまっている。

　生協を母体にした特養施設が、設立時の資金調達で労働金庫に融資を打診したが断られた、という事例も先の研究会報告でも指摘されている。労働金庫側に融資ノウハウが乏しいとはいえ、融資実績

を重ねなければ、待っているだけではノウハウは蓄積されない。

協同組合やNPOが新たに地域で提供し始めている事業の資金ニーズに応えることは、共益組織で始まった労働金庫が自らの事業そのものを通じて「公益」に寄与するのである。同時に、それは住宅ローン融資に偏重し過ぎていると指摘されている労働金庫の、個人向け住宅ローンに代わる骨太の融資モデルにもなる。労働金庫への期待と可能性はそこにある。

5-3　なぜ協同組合に税の優遇措置があるのか

今日の協同組合には、法人税・固定資産税・事業税・印紙税などでかなりの程度、優遇税制が適用されている。

税の優遇措置は、1900年（明治33年）に産業組合法の成立時にさかのぼる。地租改正で貨幣経済が農村にまで及ぶようになったとはいえ、人口の8割が小農・小商人・職工であった明治時代。中産以下の国民の困窮による社会不安を抑え、地方経済の維持・充実をはかるためには、たとえ官僚主導による協同組合であっても、その制定が急がれたのである。

そして、信用組合・販売組合・購買組合・生産組合からなる産業組合法の衆議院における法案審議の過程で、「産業組合法に於いては政府が保護する点は甚だ少ないから……所得税・営業税を免除する位の保護を与えて然るべき」、「産業組合に所得税を課すということは、一般公衆に対しても営業をなすと見做してあるようで、組合員の範囲内で事業を行うというこの立法の趣旨にもとる」、また「相互の信用が能く密着して居る所の利便を計るというのが目的で、なるべく一市町村に亘らせぬ方針」などの議論を経て、税免除の修正がなされたのである。

協同組合における、厳しい員外規制、県域規制と税の優遇措置は表裏の関係として100年以上前に誕生し、今日に引き継がれているといえよう。

5-4　利益や剰余金の一部を「公益」に拠出する必然性

　戦後作られた協同組合の組合員は、農協・漁協、生協、労働金庫・全労済にせよ、当時は相対的に社会的な弱者と見なされていたがゆえに、税の優遇措置にもそれなりの説得性があった。

　しかし今日、未組織の非正規労働者を労働金庫の融資システムにそのまま適用するのは困難だし、いわゆるワーキングプアが全労済や生協の組合員になるのも難しい。そのため、今日の協同組合の組合員は、社会的にはむしろ「勝ち組」と見られがちである。また、外からはたとえばTPPの議論を機に、金融・保険の競争条件の内外イコールフッティング化（公的介入、優遇税制の排除）が求められるようになった。それだけではない。「租税特別措置の適用状況の透明化に関する法律」で2012年4月1日以降は「適用額明細書」の添付が義務付けられる。

　今まで以上に協同組合の社会性が問われる時代になったのである。

　"一人は万人のために。万人は一人のために"で始まった協同組合は「共益」組織であるとはいうものの「公益」に最も親和性のある組織である。であればこそ、こうした状況変化を受け止め、事業で得られた利益や剰余金の一部をこれまで以上に目的意識的かつ積極的に「公益」に拠出していく必要性があろう。それはまた、ICAの地域コミュニティへの貢献という原則に合致するだけでなく、協同組合の理念に照らせば、むしろ必然的に果たすべき役割だと思うのだ。

　また、優遇されている税の一部を非正規労働者や生活困難者に対する支援に当てることは、道理からみても自然な営為であるといえよう。

5-5 ライフサポートセンターを「生活地域」の拠点に

　そうした試みは2005年8月の4団体合意を契機にして、すでに各地で大きく展開されている。こうした、ワンストップサービスでの相談機能を充実させる取り組みは、行政との連携も実現させながら着実に進展している。地方連合会、地域協議会の持つ地域拠点や各都道府県の労福協の持つライフサポートセンターは相互に協力しながら、それぞれ「生活地域」の拠点として機能している。こうした事業に必要な経費は、労働組合、労働金庫・全労済、生協からの会費のほか、静岡労福協のように労働組合に配分される労働金庫の利用配当金を再徴収してまかなわれているところも出始めた。共助の組織でありつつ地域社会において公益に貢献する1つの事例である。

　全国各地で取り組まれることを期待したい。

5-6 労働運動への期待

　労働運動がこれを機に、まずは協同組合に対する見方をとらえなおす運動を進めてほしいと思う。労働金庫・全労済、生協などの協同組合を外の者（出入り業者）と見なす現状を改め、「ともに運動する主体」としてお互いの関係性を見直したい。手始めは、「労働金庫運動、全労済運動、協同組合との連携」を労働組合の運動方針に掲げることである。

　連合は2005年10月、「企業別労働組合の限界を突破し、支援を求める働く者すべてに貢献する社会的運動として再出発」しよう、と確認しているにもかかわらず、相変わらず「連合は官公労、民間大会社の正社員、既得権にしがみつく大手クラブ、格差を生んだ元凶である」とまで揶揄され続けている。

　労働運動には、8割を超える中小・地場企業で働く未組織労働者

やパート労働者のために、生活地域におけるこれまで以上の人的、財政的支援を求めたい。

例えば、労働運動が過去から営々として積み立ててきた１兆２千億円にものぼる闘争積立金の利息の一部を、こうした運動に拠出するだけでどれだけ勇気づけられるか。

また、労働組合に還元されている利用配当や出資配当の一部を、公益に拠出することも求めたい。労働金庫の利用配当、出資配当の１割を拠出するだけで７億円になるのだから。

こうした行動こそ、社会的労働運動を進める労働組合の使命である。労働組合幹部の決断に期待している。

5-7　協同組合間協同と協同組合を担う人材育成

日本における協同組合間協同が十分でないという事情は先に述べた。なにしろ、労働組合を母体とする労働金庫と全労済でも、生協法改正で労金が全労済の共済代理を開始することを契機に「ろうきんと全労済がめざす新たな生活者福祉」の策定（2009年３月）と具体化が始まったばかりなのである。

今後は、労働運動や協同組合運動が労福協をコーディネーター役として活用しながら、各協同組合と労働組合、NPO、自治体などとのネットワークを広げる努力を惜しまないことを期待している。

そのためには、協同組合運動を担う人材を育てるしくみ作りが欠かせない。しかし、協同組合の理念と事業遂行能力（そろばん勘定）を両立させることは実際にはきわめて難しい（両立させるしんどさは協同組合につきまとう永遠の課題なのかもしれない）がゆえに、そのバランスをとれる人材を養成することは容易ではない。

我が国の協同組合生みの親で賀川豊彦が晩年協同組合の精神を７つにまとめた「協同組合中心思想」が参考になる。生み出した利益はみんなで分かち合う【利益共楽】、強欲に走らない【人格経済】、元手はみんなで持ち寄る【資本協同】、誰も掠め取らない【非搾

取】、一人一票原則、現場に近いところで物事を決めていく【権力分散】、時の政府や政党におもねることのない自立精神をうたった【超政党】、それらのことを繰り返し伝え学ぶ重要性を説いた【教育中心】である。

　理念・道徳と本音・本性を揺れ動く人間の気持ちを是認したうえで、だからこそしめくくりに「教育」を繰り返す必要性を掲げているのは、そもそも協同組合事業の運営の困難さを表しているのである。

　協同組合運動の社会的意義や使命を理解すると同時に、事業継続のための収益確保の重要性や人と人、人と組織、組織と組織をつなげるコーディネート機能を理解し体得する人材を育成するための幾層ものしくみを、労働組合と協同組合の共同事業として作り上げてほしい。連合財団が提起するそうした人材育成の「大学院」構想は、その一つとして早期に実現してもらいたいと思う。

10章
協同組合の連携の可能性：労金と労済、生協

山口　茂記　中央労働金庫副理事長

1　「新しい公共」での協同組織の位置

　政府が内閣府において「新しい公共」の円卓会議を開催したのは、2011年1月27日のことである。そして8回の会議を経てその年の6月に出された「新しい公共」宣言では、「国民、市民団体や地域組織」「企業」「政府」が当事者として参加し、協働して、「支え合いと活気のある社会」を作ることが盛り込まれた。その後、寄付税制などの制度整備が行われた。また、NPO等への融資制度の拡充など、ソーシャルキャピタル育成に関する投資や支援のなかでは、労金、信金、NPOバンクなど協同組織金融機関の支援への提案と制度の検討を行うとされた。(「新しい公共」推進会議22,11,12)

　さらに東日本大震災に対する「新しい公共」による被災者支援活動についても、当事者たちの「熟議」の上、復興の街づくりをすすめる。そのため、個人、企業、団体等のノウハウの結集を図ること、その一環として、長期的な復興支援を見据えて、様々な関係者や関係団体が、地域コミュニティの一つの事業体として「日本型社会的協同組合」の制度創設の検討を行うことが提案されている。(「新しい公共」推進会議23,6,14)

　労働金庫法における労働金庫とは「労働組合、消費生活協同組合その他労働者の団体が協同して組織」する金融機関であると規定されているように、組織原則においては「団体主義」をとっている。そしてその事業運営においては営利を目的として事業を行ってはな

らないこと。その行う事業によって会員への直接奉仕を目的とし、政治的中立であることを運営の原則としている。また、労働金庫法第2条には「労働者」の範囲を「職業の種類を問わず、賃金、給料その他これに準ずる収入によって生活する者」と規定している。ここからは会員制と地域の「労働者」という労働金庫の顧客対象範囲が見えてくるが、「新しい公共」が示唆しているような「支え合いと活気のある社会」づくりへの参加ということからは、若干溝があるように見える。しかし、1997年に労働金庫協会理事会において策定された「ろうきんの理念」の中では「人々が喜びを持って共生できる社会の実現への寄与」が志向され、市民が参加する団体とのネットワークの強化がうたわれている。その意味では、地域での「共生社会」づくりへの参加については労働金庫としては早いうちから模索されてきたといえる。本稿ではこうしたこれまでの取り組みを振り返りながら、今日的に会員である労働団体や労働者福祉団体、生活協同組合が希求する「地域・生活・公共」への参加について、これから労働金庫はどう向き合うべきなのかを考えたい。(資料参照)

2 労働金庫の創設と現状認識

2-1 創設の頃

　1950年代にはじまる戦後の労働金庫の創設は、生協が主導する金融機関構想と労働組合による欧米の「労働銀行」をモデルとする労働金庫構想の2方向から模索された。しかし、生協の金融機関構想は実現にはいたらなかったものの、1950年この流れを組む「岡山県勤労者信用組合」(後の岡山労金)が設立される。もう一つは総同盟が1949年に、そして総評が1950年に大会決議した「労働者金融機関の設立」については「兵庫県勤労者信用組合」(兵庫労金)とし

て結実する。この間、総評ならびに加盟単産が中心となり、労働者福祉対策中央協議会（中央福対協）が結成された。このことによって労働運動における福祉活動の位置づけを明確化するとともに、「労働者金融機関の設置促進」を掲げ、全国に労働金庫の設立を促した。（その後1950年から55年の間に沖縄を除く各県の金庫が設立された。）東京においても、総評が当初目指したのは「中央労働銀行」であったが、官庁折衝などの結果、東京地区を対象とする「東京労金」の設立に向かい、1952年に全国単産が加盟する「中央労働銀行」の機能と役割を持った東京労金が設立された。「労働者の金は労働者の手で労働者のために」とは1952年5月1日の開業を告げる東京労金のビラである。「労働者は銀行に預金を持っていっても、銀行からの融資を受けられず、高利の質屋か闇金融に頼らざるを得ない実態」からの解放を目指して、労働金庫は設立された。労働金庫は労働者の生活支援の金融機関であり、また、当時頻発していた多くの労働争議の「兵たん部」としての役割を果した。（「東京労働金庫40年史より」）

2-2　中央労働金庫の現状と課題

①会員状況と業務概況

「県で一つ」で出発した47労働金庫が13金庫へ地域統合を行ったのは、2000年前後のことである。中央労働金庫は2001年に1都7県が統合して誕生している。現在（2012年3月末）、中央労働金庫の団体会員数は13,754会員、間接構成員（組合員）は326万9千人。会員の内訳を見ると、労働組合が11,372組合、生活協同組合197団体、その他の団体が2,185団体という構成である。

中央労働金庫管内1都7県の人口はおよそ3,847万人、そのうち雇用労働者は1,942万2千人であり、人口の約50.5％の割合である。さらに、その内、組織された組合員は15,889組合約385万人で、組織率は推計で19.8％であり、全国平均の組織率を若干上回る。（厚

労省の2011年度の労働組合基礎調査より)

　従ってこれによって推計すると、労働組合の労働金庫の加入率は2011年3月時点では約71.5％であり、間接構成員の加入率は約85％という結集である。

　次に、中央労働金庫の業務概況であるが、中央労働金庫結成時の2001年と2011年度との預金・融資を残高で比較して見ると、総預金は1.45倍、総貸出では1.64倍に伸びている。総預金の内訳を見ると、労働組合などの団体の預金残高量は10年間ほぼ変わってないが、間接構成員といわれる労働者の預金結集が進められたといえる。

　さらにこの10年を見る限り、自己資本比率は8.23％から9.70％へと着実に上昇しており、目標とする10％の手前まで来ている。

　こうした中央労働金庫の金融業でのシェアは県によって、4％台から0.1％とバラツキがあるが、中央労働金庫として平均残高ベースでみると、総預金で1.1％、総融資で1.2％（2009年推計）のシェアである。(参考)

　2001年4月1都7県が合併して誕生した中央労働金庫の5月末の業務概況は以下の通りであった。(2001年中央労働金庫ディスクロージャー)

預金残高	3兆5113億円	貸出残高	2兆2643億円
出資金	233億円	自己資本比率	8.23％
団体会員数	16,262会員	間接構成員	384万4千人
役職員数	3104人	店舗数	148店舗

　続いて、合併して10年を経過した2011年度の概要は以下の通りであった。(2012年版中央労働金庫ディスクロージャー)

預金残高	5兆1067億円	貸出残高	3兆7185億円
出資金	292億円	自己資本比率	9.70％
団体会員数	13754会員	間接構成員	326万9千人
役職員数	2572人	店舗数	151店舗

②ILOの労働金庫の調査

　2012年の「協同組合年」を前に、ILOの雇用総局の一団が2011年に労働金庫を訪れ、労働金庫の調査を行った。それを、雇用総局のエンプロイメント・ワーキング・ペーパーNo97として、「労働金庫：ファイナンシャル・インクルージョンを推進し、成功を収めている労働者組織の物語」としてまとめられている。（全国労働金庫協会2012年3月）その中で言われていることは、労働金庫は、労働組合主導の、労働者の為の独立した金融協同組織として、50年以上にわたって巨大なメガバンクからの度重なる攻勢にも耐え抜いてきた、世界的にも稀有な組織である。「労働者銀行を真に労働者の銀行たらしめるものは、低所得世帯が小口貯蓄を拠出する一方で、日々の生活に必要なつましい融資（自動車ローン、住宅ローン、教育ローン等）を受けるというサービスを可能にする柔軟性、アクセスのしやすさ、そしてレスポンスのよさである。」その上で、「労働者とその家族を、公正で透明性を保った形で金融市場に包摂することを可能にする鍵は労働団体である。労働団体は、紹介サービスや個々の相談、金融教育に関するコースの提供あるいは保険分野の一括交渉などを通じてそれを可能にする。」とILOの報告は述べている。

　労働金庫が「50年以上にわたって巨大なメガバンクからの度重なる攻勢にも耐え」て存続し得たのは、こうした「使命に忠実」であったからだと言えるし、「労働者の福祉運動を共に進める」という、会員との信頼関係と協力があったからだといえる。しかし、現在、金融環境の変化とともに雇用労働者の労働環境は大きく変化してきており、新たな課題も生まれている。

③市中金融機関と労働金庫の比較

　労働金庫は営利を目的としない福祉金融機関として会員が預けた預金を会員へ融資することが基本であり、一般の銀行とは根本的な違いがある。その上で、「中央労金ディスクロージャー」誌により、

2003年度と2011年度の融資の使途別を比較して見ると、2003年では、一般住宅資金が79.60％、生活資金が16.45％とあわせて96.05％が個人への融資であった。これと比べて2011年度は一般住宅資金が89.53％、生活資金が9.75％の合計は99.28％で、個人融資の中で、個人の住宅資金融資への割合がさらに拡大したといえる。

　またこのことは、市中銀行の融資先別割合を見ると、企業融資は2003年度73.43％であったものが2011年度64.67％へと低下する一方で、個人融資割合の23.35％が2011年度には28.08％に拡大している。この5％弱の拡大はこの間、銀行が個人住宅やカードローンなどの個人への融資を重視していることが伺える。

　原因はこの10年間に、住宅金融公庫から引き継いだ住宅支援機構の直接融資の47.4兆円の減少にある。その一方で、個人住宅ローン市場の大きな市場再編の中で、業態別の2000年と2011年の貸出残高全体に対するシェアを比較すると、住宅支援機構が37.2％から11.9％に25.3％減少したのに比べて、国内銀行の住宅ローンが32.6兆円増加し39.0％から59.5％へと20.5％シェアを拡大している。また信金・信組の7.7％から9.6％に拡大したのに対して労働金庫も2.8％から5.6％へ2.8％のシェアが拡大した。しかしこうした動きの一方で、2011年度の住宅着工件数をみると前年比で増加したのは東京・神奈川・埼玉のみで、それ以外の県では減少傾向にある。その結果超低利の変動金利型ローンや、他行からの借換率の上昇など熾烈な低金利競争の中において、総体需要は減少傾向にあり、今後の預金融資のあり方が問われているといえる。（参考・2012年度版中央労金ディスクロージャー）

（参考）

住宅ローン貸出残高全体に対するシェア　10年間の変化

業態	2000年度末	2010年度末	10年間の変化
住宅支援機構	37.2%	11.9%	▲25.3%
国内銀行	39.0%	59.5%	+20.5%
信金・信組	7.7%	9.6%	+2.1%
労働金庫	2.8%	5.6%	+2.8%

住宅支援機構「業態別住宅ローンの新規・貸出残高の推移」より中央労金金融調査室作成

住宅ローン新規貸出残高全体に対するシェアー10年間の変化

業態	2000年度末	2010年度末	10年間の変化
住宅支援機構（直接融資）	34.2%	0.0%	▲34.2%
住宅支援機構（買取融資）	制度なし	14.4%	+14.4%
国内銀行	49.1%	67.5%	+18.4%
信金・信組	7.0%	9.3%	+2.3%
労働金庫	4.1%	7.4%	+3.3%

住宅支援機構「業態別住宅ローンの新規・貸出残高の推移」より中央労金金融調査室作成

3　中央労働金庫の「地域・生活・公共」への取り組み

3-1　労働金庫の「生活応援運動」の展開

　こうした中で、2000年代の10年間の金融市場は、住宅ローンなどでのリテール市場の低金利競争が一層激化するとともに、貸金業市場も、この間大きな変化があったといえる。
　司法統計月報「破産事件・自己破産自然人」によると、自己破産者（個人）は、2003年の242,377人がピークである。消費者金融利用者は1,127万人と推計された。そのうち労働者は615万人であり、従

って、組織労働者は112万人と推計される。そのうち3ヶ月以上の延滞者は198,000人になると推計された。2009年では年間126,265人が自己破産者となり、月次平均で10,532人であった。因みにこの頃の中央労働金庫の多重債務相談受付は2009年がピークで月次平均106人の割合であった。

　労福協などをはじめとした幅広い国民的な運動により、改正貸金業法が2007年12月19日に施行された。このことにより、消費者金融市場の「改正貸金業法の施行」前と後の比較を「日本貸金業協会」によると、消費者金融市場規模は、2007年12月に17兆368億円であったが、2011年12月では、8兆8550億円に縮小された。内訳では、銀行のカードローンは3兆2千億円と横ばいであるのに対して、クレジット系の残高が6兆円から3兆円、消費者金融系が7兆7千億円から2兆5千億円に縮小している。これは改正貸金業法による総量規制などの結果の現れであるといえる。

　こうした問題に対して、労働金庫は取り組みの一貫として、設立の理念を踏まえて、「勤労者のお金にまつわる諸問題を会員労働組合との連携の下で、相談に乗り、具体的な提案・アドバイスを行う運動」として、「生活応援運動」をスタートさせた。多重債務など、金銭面で生活に困窮している勤労者の多重債務トラブルの解決による「生活改善」。多重債務者やマネートラブルに陥らないための啓発活動の実施。予備軍となっている方へ労金の低金利商品の利用促進による「生活防衛」。収入とライフステージに合わせた健全で計画的な支出・資産形成などの「生活設計」の3つを運動の柱に、返済計画の見直し、就職安定資金融資制度の取り組み、高利な融資からの借り換えの「気ずきキャンペーン」とトータルライフプランの支援を内容としている。第1回の「気づきキャンペーン」は2007年の9月からであった。その後、改正貸金業法が2007年12月19日施行され、続いて改正割賦販売法が2009年12月1日に施行される中で労働金庫は、厚生労働省からの受託事業として、住宅喪失や雇い止め、長期失業者を対象に「勤労者生活支援特別融資」を実施（2009

年度末まで)、また雇用保険を受給できない失業者に対して生活・就職活動費を低利に融資して、職業訓練中の生活の維持を図ることを目的とした国との提携融資制度である「訓練・生活支援資金融資制度」を実施した。これについては2009年8月の制度化開始から2011年9月の新規受付終了までの間、13,091件33億7788万円の利用がされた。さらに厚生労働省が実施する「求職者支援制度」における職業訓練給付金—生活費が不足する人に低利で融資する国との提携融資制度である「求職者支援資金融資」—は2011年10月から取扱を開始した。2011年度は341件9254万円を取り扱った。

さらに「金融円滑化法」も2013年の3月末まで再延長して、東日本大震災への緊急特別融資とともに実施されている。

こうした労金業態としての「生活応援運動」の成果と今後の課題について、今年の2月に労金協会で以下のように確認された。①改正貸金業法施行後に、弁護士相談ネットワークの充実により、多重債務相談件数は減少傾向にある。金庫の日常業務の中で相談体制が定着した。②勤労者の生活を支援するため、会員と連携して借換相談、目的別ライフプランセミナーを開催するなど、継続的に取り組むことで、会員との信頼関係の構築につながった。③金融・消費者教育を小中・高校・大学生に実施した。冊子「マネートラブルにかつ！」は150万部以上が発行された。地域的にも効果があった。そして、今後とも3つの柱を軸に取り組みを推進していくことなどを確認した。

また中央労福協からは、各地方労福協や弁護士・司法書士とのネットワークと連携し、改正貸金業法の改悪阻止の取り組み、組合員から多重債務問題や高金利からの借換相談があった際の相談体制の構築について、労働金庫にも要請を受けている。

これらを受けて、中央労金ではこれまでの会員を対象に他行・他社カードローン等からの低利な労金カード（マイプランカード）への借り換えの取り組みに加えて、2012年8月からは信販・消費者金融などからの借り換えも対象として拡大するなど生活応援運動の積

極的な取り組みの強化を図っている。

3-2 中央労働金庫の社会貢献活動

　中央労働金庫の社会貢献活動は、合併（2001年4月1日）前の8つの各県の労金時代の社会貢献活動を継承しながら、「企業市民」としての社会的な役割を果たし、中央労金としてのスケールメリットを活かした支援、役割発揮が必要であるとして、①社会貢献活動の実践を通じ、福祉金融機関の存在価値を高める。②中央労働金庫として統一感のある社会貢献活動を推進する。③会員・地域市民・NPO等とのネットワークを活かした取り組みの3つを指針として、2002年に「中央労金社会貢献基金」の設立のため、専担部署を置いた。特定非営利活動法人日本NPOセンターの協力を得て「社会貢献定期預金　ろうきんNPOサポーターズ」の取扱を開始した。これは預金の満期利息の30％をNPOに対する助成財源の一部として活用するもので、これまでの8金庫の基金と中央労働金庫からの拠出金により「社会貢献基金」助成の設立を目指したものである。助成対象は「ひとづくり、まちづくり、くらしづくり」の3分野が対象で、対象期間は新たな地域活動のスタート時、発展期、定着期の4年間である。①自らの地域をよりよくするために、さまざまな人が自発的に参加する活動。②はたらく人が、自らの経験を活かして参加する活動。③地域のさまざまな団体が連携し参加する活動などを重視して選考している。

　その結果この10年間で助成件数は418件、助成総額は1億4977万円となった。因みに2012年は応募件数286件であったが、そのうち、スタート時での助成50団体。発展期での助成5団体に対して、総額1,965万円が助成された。NPOのスタートから定着までの4年間を助成の対象とすることで、団体との長期の付き合いができること、NPO相互の顔合わせと連携が持てるようなイベントの企画により、地域のネットワークの発展に寄与してきているといえる。

ここに紹介するのは、2011年に設立した狭山市柏原ニュータウンの「ユーアイネット柏原」である。今年度の中央労金地域助成プログラムで1年目の助成を受けたNPO法人である。柏原ニュータウンは1980年初めに大手デベロッパーが開発し分譲した一戸建て1,650戸、4,500人が暮らす団地である。すでに30年以上が経過し、住民が高齢化する中で、団地で暮らし続けるため、住民相互のネットワークが必要とされた。そこでNPO法人を取得してコミニュティ事業を展開した。

　それは誰もが歩いてゆける団地の中に商店を確保することであった。ユーアイネット柏原は団地住民に呼びかけて「地域支え合いプロジェクト」加盟店のマップをつくり、地域提携商店・事業者と提携した。次に「生活支援事業」である。発端は団地の生垣の剪定であった。簡単な大工仕事、水回りの簡単な修理など、会員の中から器用な人が請負、ボランティア謝礼として、1時間当たり600円相当の地域商品券を提供してもらい、地域提携商店で利用する。その他、コミュニティ事業やサークル活動に取り組んでいる。現在会員は138会員で、NPO法人として事務所を持って運営されていた。生垣の剪定もプロに頼めばそれなりの費用がかかる。しかし、会員同士なのでこの金額でできる。ボランティアは現在30人ぐらい。この団地には自治会もあり、市には社会福祉協議会もある。それらはそれぞれ必要であるが、全会一致での運営では、スピードが遅く、欲しいサービスがなかなか手に入らない。地域の支えあいはこうした自主的な支援事業システムが必要だ、とそこの代表理事の小澤浩氏が、話していたのが印象的であった。今回はたまたま中央労金地域助成プログラムに「ユーアイネット柏原」が応募したことから知り合ったが、こうしたNPO同士の地域を繋ぐ活動を労金社会貢献活動支援の取り組みの一つとしてすすめたい。

　また、その他の社会貢献事業として、会員や組合員の不用になった本を福祉団体へ寄付をする「リ・ブック」の取り組み、地域の市民と共におこなう「つくば市民大学」の運営、東日本大震災復興の

ための物的、人的支援の継続などが取り組まれている。今後の課題としては、今後の中央労金としての全体的な社会貢献のあり方の整理と財源的裏づけ、そして地域的な連携などが課題である。

4 中央労働金庫と協同組織—労済、生協との連携の可能性

4-1 生協との共同事業

　1951年の当時、東京労金設立時の生協は労組と共に発起人であった。1952年に東京労金は設立されている。その関係もあって、東京労金設立当時から、生協からは副理事長はじめ理事、幹事を選出していた。日本生協連初代会長の賀川豊彦氏も旧東京労金に顧問に名を連ねており、労金創立に深くかかわったことが伺える。中央労金発足後も、理事、都運営委員を選出している。

　中央労働金庫の支店のひとつである、西新宿支店は1993年に生協・全労済など事業団体専門店舗として新宿支店より分離、開店された店舗であり、推進幹事はすべて生協の関係者で構成され、生協と全労災の専用店舗であった。(その後、現在では店舗の政策の中で、生協は本店の会員として再整理された。)

　旧東京労金と生協の関係は、創立時から緊密であり、1992年3月末では労金加入生協121組合、団体預金では全体の構成比の7.1%であり、団体融資の全体での構成比は10.6%で、そのほとんどは生協本体の事業資金であった。

　しかし一方では、生協組合員との取引推進では、地域・家庭対策として、早くからその必要性が唱えられたが、商品制度や推進体制の面で遅れ気味であった。そこで「61-63中期計画」において「生協組合員の労金利用の促進」を掲げ、生協組合員のニーズに基づいた商品開発を進めた。その対象となるのは、地域購買生協と医療生協の組合員であるが、当時の加入者は90万人であった。東京労金は

1980年代に連合会や個別生協と連携し生協組合員向けの教育ローン、マイカーローン、医療ローンなどの商品開発に取り組んだ。

「生協組合員融資制度（コープローン）」は当初東京地区だけであったが、合併を期に全区域に広げ、順次導入生協を拡大し2003年には40生協に広がった。

生協組合員融資の利用は2005年の会員優遇制度の適用を期に、飛躍的に増加し、2010年3月末では、金庫全体の新規実行額で14.55％を占めるまでになった。

現在（2011年度）の会員構成は、210会員であり、種類別では購買生協47会員、共済生協50会員、職域生協39会員である。その他事業連合会関連、全労済関連などである。

2012年3月末現在、生協団体預金は1,503億4400万円、生協団体融資は45億5,800万円。生協組合員個人預金は124億4,700万円、生協組合員融資は3,087億700万円（利用件数約3万件弱）となっている。

中央労金エリヤ内の生協への加入率は最大は神奈川県の41.9％、最低は栃木県の28％であるが、エリア内の平均加入率は30％をこえている。生協組合員は2012年6月現在、668万人である。また、日本生協連では運転資金（市場連動型当座貸越）として当金庫では、2009年から利用が始まっている。

会員生協の協力で配布する「労金からのニュース（知っ得情報）」は毎年定期的に取り組まれており、次第に拡大して2011年度は34生協で配布されている。

今後に向けては、2008年の生協法の改正を契機として、消費生協では地域合併に向けた検討が進められている。各県の生協とは地区の労金と協同での住宅セミナーの開催やフェスティバルへの参加など、国際協同年を契機に一層の連携の強化がもとめられている。

4-2　ワンストップサービス

　勤労者の暮らしにかかるサポート事業を推進するため４団体（連合、中央労福協、労金協会、全労済）が合意するのは2005年８月のことである。その中で４団体はNPO諸団体とも連携し、都道府県における地域を拠点としたワンストップサービス（総合生活支援・サービス体制）の実現に向けた共同の体制作りをすすめることを確認した。これを受けて、中央労働金庫では、連合・労福協との関係強化を踏まえながら、「店舗類似行為の禁止」の制約の中で、各県での基本合意文章に基づいて対応を図っている。

4-3　全労済

　全労災とは2009年３月に全労災の共済代理店を実施して、2009年４月から「住宅ローン専用火災共済」の販売を開始した。さらに「住宅ローン完済者」へは「住いと暮らしの保障・防災点検運動」及び「住宅ローン専用火災共済」の取り組みを協同で進めることを確認している。

　また、例えば神奈川では県下７ブロックで全労済と共同で「セカンドライフセミナー」が行われ、群馬県では全労済・会員企業と高崎・高崎東支店が共催して、「マイカー展示会」を開くなど、これまで各県段階では労金と全労済との共同事業が行われている。

5　労金の今後の課題について

　2008年に労金協会通常総会で決定された「全国合併に向けた今後の進め方」に基づいて取り組まれた「全国合併」は2011年労金協会の総会において、「当局との折衝により明らかとなった課題をはじめ、折衝対応の反省を踏まえ、中央機関の法制度問題に関する調

査・研究機能を強化するなど、体制等も再構築し継続協議する」こととなった。労金協会では、当局との折衝の中で示された、法制度問題、経営問題への対応、さらには次期のオンラインシステム開発への対応と組織の再編成の課題などを踏まえて、全国合併は当面延期とした。そして労働金庫の今後のあり方などについては、有識者を含む「あり方研究会」を設置して、「協同組織金融の現状を認識しつつ、これからの労働金庫の担うべき役割」について調査研究をして考え方を整理することとして、2012年6月の総会で「論点」が報告された。今後は2012年から2014年の中期経営計画の中でその具体化が検討されるとしている。

中央労働金庫としては、労金協会のこうした検討を注視しつつ、組織内に金融調査室を設置して、「全国合併」の取り組みから派生した課題や今後の中央労働金庫のあり方について、情報収集をはじめ調査・研究活動をスタートさせた。

最後に、労働金庫における「地域・生活・公共」にかかわって、今後に向けた課題の中でどのように位置づけるのかについて、幾つか問題意識を述べておきたい。

その第1は、会員・推進機構とのパートナーシップの強化の課題である。中央労金は今年、改めてすべての会員・組合員に労働金庫への理解を深めるとともに、推進機構との連携を深めることを確認している。その意味では、「金融業者」と「お客様」の関係から、労働者福祉運動を共に取り組む主体として、「組織の外へ、塀の外へと福祉を広げる」取り組み（中央労福協）の強化であるといえる。各支店の会員状況を見ると、多いところでは利用者の30％つまり3人に1人、もしくは25％,4人に1人が「現役の労働組合員」以外の利用である。産業・雇用の再編や労働組合の組織率の低下、団塊の世代の退職など幾つもの要素が思い浮かぶが、結果としてこうした変化が起きている。このことは、商品や営業推進のあり方にとどまらず、会員還元策のあり方をも問い直すことになる。ある意味

で、労金の地域での利用拡大と労働運動の組織拡大と「共通の意味」となるような、いっそうの連携強化した取り組みが求められている。そのことはひいては、地域に暮らす勤労者・住民に開かれた、安心して預けられ、今以上に使い勝手のいい労金への脱皮が求められているといえる。

第2は、団体会員の利用と雇用の創出の課題である。会員（労働組合など）の団体預金は中央労金の10年間で見ると、総預金の2割程度でほぼ横ばいである。これに比べて、労金のスタート当初には、ストライキなどに備える闘争資金としての「一斉積み立」が多く取り組まれた。しかし中央労金合併からの10年間を見ても約半分以下に低下している。また団体の融資は、労働会館や組合事務所の建設がひと段落していることもあり、融資利用は大きく低下してきている。しかし一方で、国連の「協同組合年の取り組み」の中でも期待されているように、地域でのコミニュテーをつくる上での「雇用の創出」は少子化・高齢化の進む地域の課題である。労働組合や各生協への融資枠の拡大とともに、NPOなど団体の立ち上がり資金への融資など、融資制度の拡充にむけ今後取り組むべき検討課題である。

第3は、社会貢献、地域貢献の課題である。中央労金の社会貢献基金がかかげる「ひとづくり・まちづくり・くらしづくり」をキーワードにしたNPOはじめ地域の労福祉、全労済などの協同組織の諸団体との連携の強化に向けて、事業推進をはじめ共同取り組みを広げること。レドロー報告にいう「持続可能な社会の発展のため、協同組織や各教育機関と協力しての取り組み」の推進である。さらには、青少年や若年者にむけた消費者教育、金融教育などの取り組みを幅広く進めてゆきたい。

11章
ソーシャル・ガバナンスと日本のサードセクターの課題

栗本　昭　公益財団法人生協総合研究所理事

はじめに

　経済社会のグローバル化は国境を越えた競争の激化によって、各国の法制、税制や会計制度に大きなインパクトを与え、これまで国民国家の中で形作られてきた財政・金融政策、産業政策、労働政策に見直しを迫っている。国家財政も再分配機能を低下させたばかりでなく、国債発行による膨大な累積債務はその持続可能性を脅かしている。このような激しい変化のなかで、地域における生活の枠組みも大きな転換を迫られており、生活保障の核でなった家族やコミュニティのあり方も変容している。日本型経営の柱であった終身雇用も変容し、家族の生活を男性正規社員に委ねる従来のシングル・ブレッド・ウィナーモデルは機能不全をきたしている。このような状況の下で、地域の生活のガバナンスをどのように組み立てるか、サードセクターや市民社会のアクターがどのような役割を果たすべきかが問われている。

　本章は「生活の公共」とソーシャル・ガバナンスの概念を検討し、その中でサードセクターが占める位置を提示する。そのうえで、日本のサードセクター（社会的経済）の問題点を制度的分断、政治的志向性の分岐、セクターとしてのアイデンティティの欠如という側面から分析する。さらに、日本のサードセクターの課題として、制度的枠組みの改革、包括的な統計の整備、サードセクターに属する団体のキャパシティ・ビルディング、地域の生活公共へのコミットメントを提言することにしたい。

1 ソーシャル・ガバナンスとサードセクター

1-1 「生活の公共」の概念

　「生活の公共」は「生活の公共化」と「公共の生活化」という双方向のベクトルの合成、市民的なもの（civic）と社会的なもの（social）の統合によって形成される領域を指す概念である。「生活の公共化」は、家族や地域において私的に担われてきた生活が介護保険や子育て支援などを通じて、介護・子育ての社会化、公共サービス化する過程を表すのに対して、「公共の生活化」は公的サービスが夜警国家的なミニマムの安全保障から社会保障制度の整備を通じて年金・医療・福祉・教育など全般的な生活保障に拡張し、人々の生活に関与するようになる過程を表す。これは福祉国家に向けた動きとして先進国では多かれ少なかれコンセンサスをもってすすめられてきた。

　また、市民的なものは生協、農協、非営利組織などの主体による地域社会の人々の福祉の向上を目指しているのに対し、社会的なものは労働組合などの主体による賃金、労働条件の向上を目指している。両者の間には労金、労済のようなハイブリッドも存在する一方、行政の下請け機関的な役割を担わされてきた町内会、老人会などの地縁的な組織も存在する。このような多様な主体を含む市民社会のセクターを「市民セクター」、あるいは公的セクターにも営利企業セクターにも属さないという意味で「サードセクター」ととりあえず定義する。

1-2 ソーシャル・ガバナンスの含意

　このような「生活の公共」の領域を統合する概念として「ソーシ

シャル・ガバナンス」が考えられる。これは国家・官僚が独占するガバナンス（ガバメント）からサードセクターや市民が参加するガバナンスへの転換を意味する。神野および澤井は「自立的な市民層の社会的活動を中心にすえて、近未来のわが国社会の構図を描いてみよう」ということをテーマとして、「これまで相対的に弱体だった市民セクターの強化に社会を挙げて取り組むことが緊要の課題で」あり、「まだ未成熟な市民社会組織や弱体化の著しい地域コミュニティの強化・再生などを通じて、ようやく兆候の見えてきた自立的市民社会への狭い道を広げていくことが必要であり、それが実現した政治・社会状況こそ、本書で言う『ソーシャル・ガバナンス』の世界である」と述べている。また、「市場の失敗」と「政府の失敗」を克服する道こそが、ソーシャル・ガバナンスの道であり、「ソーシャル・ガバナンスとは『政府の失敗』を再市場化によって克服しようとする新自由主義への対抗戦略」、「市民社会を強化することによって克服しようとする戦略」であると述べている[1]。

　ソーシャル・ガバナンスは民主党政権のもとで検討されてきた「新しい公共」とも密接な関係がある。「新しい公共」は、官だけでなく、市民、NPO、企業等が積極的に公共的な財・サービスの提供主体となり、教育や子育て、まちづくり、介護や福祉等の身近な分野において、共助の精神で行う活動であると定義されている。これは、経済社会が成熟するにつれ、個人の価値観が多様化し、行政の一元的判断に基づく「上からの公益」の実施では社会のニーズが満たされなくなってきたという認識に立って、これまでの行政により独占的に担われてきた「公共」を市民・事業者・行政の協働によって実現しなければならないという考え方である。その担い手として「新しい公共」推進会議の専門調査会の報告書（2011年7月）は「市民セクター」という考え方を提示しているが、これは本章でい

---

1) 神野 直彦, 澤井 安勇著『ソーシャル・ガバナンス 新しい分権・市民社会の構図』東洋経済新報社（2004）

うサードセクターにほぼ重なる。

　市民セクターとは、特定非営利活動法人、一般社団・財団法人、公益社団・財団法人、医療法人、特定公益増進法人（学校法人、社会福祉法人等）、協同組合、法人格を持たない地縁団体（自治会・町内会、婦人・老人・子供会、PTA、ボランティア団体等）等の民間非営利組織のほか、公益的な活動を主な目的とする営利組織からなるセクター[2]。

1-3　ソーシャル・ガバナンスにおけるサードセクターの位置付け

　ペストフは福祉混合（ウエルフェア・ミックス）あるいは福祉トライアングルにおけるサードセクターの位置づけを提起している。彼は本質的な社会的次元が公共対民間、公式対非公式、営利対非営利の3つであり、これが政府（国家機関）、市場（民間営利企業）、コミュニティ（世帯、家族など）という3つの社会秩序の境界を画し、お互いから区別するとともに、さらに理念型としてのアソシエーションから区別するのに役立つとしている。そのなかで、サードセクターは国家、市場、コミュニティを結ぶ媒介的な役割を果たすことが期待されている。サードセクターは他の社会セクターの中間における交点に位置づけられ、その混合的・媒介的な性格を示している。すなわち、サードセクターが他のセクターとの関係で形作られ、その境界は常に変動し緊張が存在すること、またサードセクターが他のセクターの様々な資源を組み合わせ、ハイブリッド化する特徴をもつことを示している[3]。

　このペストフのシェーマは福祉国家論、福祉レジーム論との関わりで提起されており、社会経済システム全体を対象としたものでは

---

2)「新しい公共」推進会議・政府と市民セクター等との公契約等のあり方等に関する専門調査会「政府と市民セクターとの関係のあり方等に関する報告」2011年7月、1ページ。
3) ビクター・A・ペストフ『福祉社会と市民民主主義』日本経済評論社，2000年，45～65頁

ない。また、日本の文脈にあてはめてみると各セクターの比重に大きな違いがあることも事実である。日本では国家セクター、とりわけ中央政府の官僚機構が絶大な権力をもち、政・財・官の「鉄の三角形」（アイアン・トライアングル）においても管制的な役割を果たしている。トライアングルは自民党長期政権のもとで形成され、発展してきたが、民主党政権になってからも再編されながら存続していることは明らかである。他方、営利企業セクターは自動車、家電などの加工組み立て産業を中心に世界市場を席巻し、「ジャパン・アズ・ナンバーワン」と言われる地位を築いた。近年は最先端のIT産業や金融業では欧米の後塵を拝し、加工組み立て産業では中国、韓国、台湾などの追い上げによって苦戦を余儀なくされているが、世界でオンリーワンの技術をもつサプライヤーも多く、営利企業セクターはGDPの太宗を占めている。日本的経営・雇用慣行のなかで大半の人々は「カイシャ」によって生活を保障されていると感じてきたが、グローバル化の挑戦によって不安定雇用が広がっている。コミュニティセクターは伝統的な「ムラ」や「イエ」を通じて強固な基盤を築いていたが、大都市への人口集中と農村の過疎化、大家族から核家族への転換、女性の学歴や雇用の拡大と社会参加、個人主義の強まりという社会変化の中で伝統的な紐帯は弱体化しており、このセクターは衰退しつつある。このように日本では国家セクター、営利企業セクターが引き続き優勢なのに比べてコミュニティセクターが弱体化しており、サードセクターも後述する様々の制約によって潜在的な力を発揮できないでいる。セクター間の関係も対等な関係ではなく、公的セクターからの公共契約や営利企業セクターからの調達契約によるサードセクターの下請け化の動きが広がっている。

　他方でペストフは福祉サービスにおける市民参加のあり方について、コ・プロダクション（共同生産）とコ・ガバナンス（共同ガバナンス）という概念を提起している。前者は、専門家あるいは「普通」の生産者（例：現場の警官、学校教師、保健職員など）と、サ

図1　ペストフの福祉トライアングルにおけるサードセクター

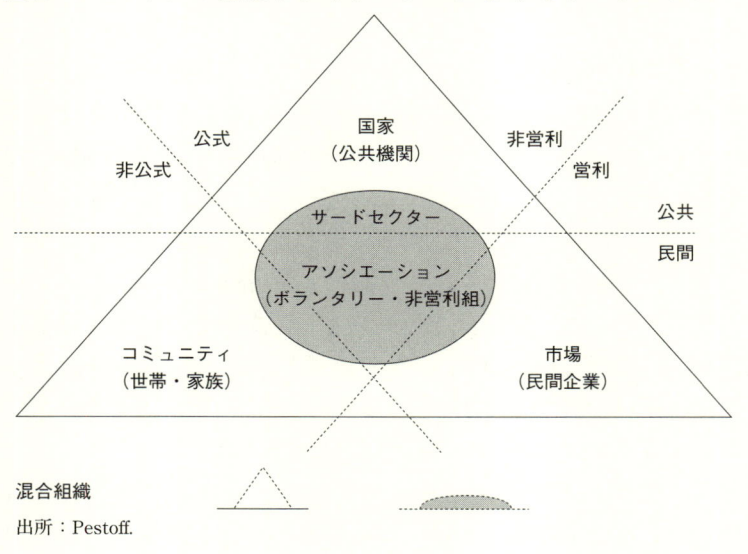

```
                     国家
            公式　　（公共機関）　　非営利
        非公式                      営利
- - - - - - - - サードセクター - - - - - - - -  公共
                                               民間
                アソシエーション
             （ボランタリー・非営利組）

        コミュニティ          市場
        （世帯・家族）      （民間企業）


   混合組織
```

出所：Pestoff.

ービスを通じてより安全な社会に暮らし、より良い教育を受け、健康の向上を望む彼らの「顧客」との努力の融合というミクロレベルの概念であるのに対し、後者はサービス提供の共同ガバナンスとサービス指針の共同決定というマクロレベルの概念である。さらに、ペストフは新自由主義のもとで民営化や民間の経営手法の導入をすすめてきた新公共経営（new public management）に対して、新公共ガバナンス（new public governance）を確立する必要性を主張している。前者は能動的なサービスの消費者と官民パートナーシップを通じた外部委託を前提とするのに対し、後者はサービスの共同生産、複数のステークホルダーによるガバナンス、サードセクターによる福祉サービスの提供を前提とする。新公共ガバナンスは地域社会の課題を社会全体で取り組み解決していく仕組みとしてのソーシャル・ガバナンスと通底する考え方であり、ペストフは将来の福祉国家におけるサードセクターの役割の増大に期待している[4]。

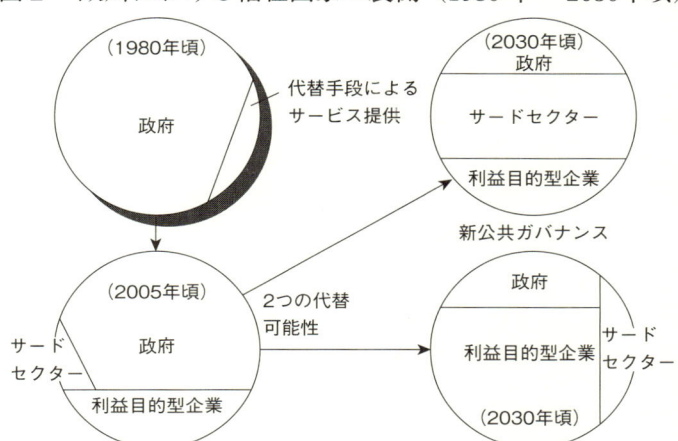

図2　欧州における福祉国家の展開（1980年～2030年頃）

（1980年頃）政府
代替手段によるサービス提供
（2005年頃）政府／サードセクター／利益目的型企業
2つの代替可能性
（2030年頃）政府／サードセクター／利益目的型企業
新公共ガバナンス
政府／利益目的型企業／サードセクター（2030年頃）
新公共経営

2　日本のサードセクターの問題点

2-1　法律・官庁の縦割りによる制度的分断

　日本のサードセクターは日本特有の法・行政システムと政治・経済システムによって制度的に分断されている。日本の法人制度は法人法定主義によって特徴づけられる（民法33条）。すなわち、会社以外の法人の法人格は根拠法に基づく官庁の行政処分（許可、認可、認定、認証など）によって創出されるばかりでなく、法人設立後の法人の活動も監督官庁による監督・検査の対象となる。また、法人格は税制とリンクしており、特定の法人類型に法人税の特別措

4）Pestoff, Victor, 2008; A Democratic Architecture for the Welfare State; Routledge. Pestoff, Victor &Taco Brandsen, 2008; Co-Production; Routledge. Pestoff, Victor, Taco Brandsen & Bram Verschuere（eds）, 2011; New Public Governance, the Third Sector and Co-Production; Routledge.

置が適用されている。サードセクターに属する協同組合についても10を超える産業別の種別協同組合法が併存し、それぞれ異なる所管官庁の認可によって法人格が与えられている。例えば農協、漁協、森林組合は農林水産省、生協は厚生労働省、中小企業等協同組合は中小企業庁が所管官庁となり、信用事業を行う協同組合は直接的・間接的に金融庁の監督のもとにある。また、非営利組織についても一般法は存在せず、10を超える民法の特別法のもとで監督官庁の許可、認可、認証によって法人格を与えられている。例えば、社会福祉法人や医療法人は厚生労働省、学校法人や宗教法人は文部科学省が監督官庁となっているが、一般および公益の社団法人・財団法人やNPO法人は内閣府の管掌となっている。

　また、日本の政治・経済システムは業界団体、監督官庁、族議員の結託によって特徴づけられる。長年にわたる自民党政権のもとで、業界別の利害によって結合した「鉄の三角形」が公共政策を牛耳ってきた。このような「仕切られた多元主義」（青木昌彦）は日本型資本主義の特質として分析されている。本来、政治システムは対立する利害を調整して整合的な政策を提示することを目標としているが、自民党は業界ごとの利益誘導による票と金の吸い上げの仕組みを確立することによって長期政権を実現した。グローバル化のもとでこのような仕組みが持続不可能となり、小泉政権の「自民党をぶちこわす」という訴えは一時期有権者の歓心を買ったが、政権交代につながった。しかし、「鉄の三角形」がその後も生き続けていることは、福島原発事故があぶりだした「原子力村」の影響力の強さからも窺い知ることができるし、最近のTPPをめぐる対抗軸（賛成派の日本経団連・経済産業省連合と反対派のJA全中・農林水産省連合）が自民党や民主党のなかにも分岐を生み出していることからも明白である。サードセクターのなかでも産業政策の受益者と被害者という意味で協同組合は分断されており、非営利組織も税制、助成金、融資などで優遇され、行政の下請け機関としての性格が強い社会福祉法人などの大規模なQUANGO（疑似非政府組織）

とそのような優遇措置がない零細なNPO法人は制度的に分断されている。

このような構造は政権交代によってどう変わったのか。民主党政権はマニフェストに「コンクリートから人へ」、「生活第一」を掲げ、「政治主導」によってこれまでの自民党の利権構造に切り込もうとしたが、官僚のサボタージュ、業界団体の既得権益擁護の動きの中で多くの点で後退を重ね、その支持基盤を掘り崩してきた。自民党の票田として農政に組み込まれてきた全中は政権とのコンタクトができずに一時孤立したが、民主党と自民党の中のTPP反対の議員を糾合することに成功した。日本医師会も権益を守るために機会主義的に行動し、民主党とつながりのあるリーダーが登場した。しかし、いずれの場合にも官庁と業界団体の結託は揺らいでおらず、自民党への回帰がすすんでいる。サードセクターとのかかわりでは、民主党政権は「新しい公共」を打ち出し、NPO法の改正による寄付税制の改善などの成果をあげたが、サードセクターの内容、意義を理解する議員は少なく、その推進主体とはなっていない。国連は2012年を国際協同組合年と宣言したが、これに対応する政府の窓口は縦割り行政のもとでいまだに定まっておらず、協同組合陣営による「協同組合憲章」の提起にも応えていない。サードセクター内部での連帯を強めるとともに、行政、メディア、アカデミズムにおけるオピニオンリーダーへの働きかけが重要となっている。

2-2 公共政策へのアプローチと政治的志向性の分岐

公共政策へのアプローチと政治的志向性の分岐は法律・官庁の縦割りによる制度的分断を助長している。一方では公共政策の受益者として政策の下請機関となり、圧力団体化することによる与党へのすりよりと「トライアングル」形成という志向性があり、他方では公共政策の被害者として事業と活動を抑制され、野党に接近し社会運動としての特質をもつという志向性である。この対比は日本型農

協と日本型生協にあてはめることができる。

　日本型農協は第2次大戦中に産業組合と農業会を統合した国策機関である農業会の戦後における「包括的承継」によって設立され、食管法・農地法・補助金等による農業保護政策の受益者として急速に発展した。その結果、農協は「農政の下請機関、圧力団体、協同組合の三位一体」（藤谷築次）あるいは「全戸加入、3段階系統組織、総合農協という制度化された農協」（太田原高昭）として日本の農産物流通の太宗を担う世界最大級の組織に成長した。また、米の過剰生産に対応する減反政策の実行部隊となり、米価値上げや輸入自由化反対のために農家を動員し、農水省、自民党、JA全中の「農政トライアングル」（山下一仁）を通じて絶大の影響力を行使してきた。しかし、輸入自由化と規制緩和の圧力のもとで1980年以降農政の転換がすすみ、2009年の政権交代により苦境に陥った。また、独禁法適用除外、金融事業と経済事業の分離問題、准組合員問題等で制度改革を迫られている。

　日本型生協はこれと対照的な生成と進化をとげた。戦前からの中小商業保護政策は百貨店法、大規模小売店舗法を通じて強化され、小売業者による反生協運動は1980年代半ばまで執拗に繰り返された。1948年の生協法の制度的制約（員外利用完全禁止・県域制限・信用事業禁止等）は生協の活動を阻害してきたが、生協はこれを逆手に取った独自の進化をとげた。すなわち、顧客をすべて組合員にする、組合員の出資増強をすすめることによって「組合員による出資・利用・運営」を推進し、班と共同購入、次いで個配というビジネスモデルを確立して組織と事業を拡大した。また、生協の消費者運動、環境運動、平和運動等の展開は日本における新しい社会運動のバックボーンとなった。しかし、流通業界における競争激化のなかで90年代から店舗事業の停滞が続き、ガバナンス問題や食品偽装問題など多くの問題に直面した。生協の組合員数が総世帯数の4割以上となるなかで生協自体の政治的スタンスは全方位外交にシフトしてきた。2007年に約60年ぶりに生協法の改正が実現したが、生協

法は今日まで生協の活動を制約している。

2-3 セクターとしてのアイデンティティの欠如

　以上のような制度的分断と政治的志向性の分岐によってサードセクターはアイデンティティを持てないできた。各種法人は異なる制度のもとで独特の発展経路をとり、異質の組織文化を発展させるなかで、セクターとしての一体感が欠如している。各種協同組合はそれぞれの系統・連合会組織をもっているが、共通のアンブレラ組織は存在しない。非営利組織も制度別にそれぞれの業界団体（社会福祉協議会、医師会、私学協会など）は存在するが、それらの横断的組織はない。ミューチュアルはヨーロッパの「社会的経済」の重要な構成部分となっているが、日本では相互保険会社として共済と対立・競争関係にある。町内会・自治会や老人会などの地縁組織も広い意味ではサードセクターに含まれるが、近年形骸化がすすんでいる。協同組合と非営利組織、地縁組織の間にも深い溝がある。

　セクターとしてのアイデンティティの欠如は統一的な名称、ブランドの欠如の原因でもあり結果でもある。すなわち、サードセクターについては米英型の非営利・ボランタリーセクター、ヨーロッパ型の社会的経済、その日本型翻訳としての非営利・協同セクター、市民社会的側面を重視した市民セクターや社会セクター等々、様々の呼称が競合しており、行政、アカデミズム、メディアを含めて共通の理解がない。サードセクターを構成する組織についても、在来の各種法人形態のほかに、社会的企業、コミュニティビジネス、ソーシャルビジネス、市民社会組織（CSO）等々の組織形態が提案されているが、共通の理解はなく、社会に対するインパクトも弱い。この点で、イギリスのSEL（Social Enterprise London）が従来の法人形態を横断する「社会的企業」というブランドを作って成功した事例に学ぶ必要がある。

3 日本のサードセクターの課題

3-1 サードセクターの制度的枠組みの改革

　サードセクターの制度的分断を克服するためには日本の法・行政システムと政治・経済システムの抜本的な改革が求められるが、それ以前にサードセクターの制度的枠組みを改革することは可能である。協同組合の分野では既存の各種協同組合法の存続を前提にしながら、「協同組合基本法」を制定し、設立者が法人形態を選択することができるようにすることが現実的な対応として考えられる。これは2011年末に韓国で立法された協同組合基本法がとった方法であるが、既存の協同組合陣営にも受け入れやすい方法であると考えられる。非営利法人制度は2008年の公益法人制度改革や2011年のNPO法の改正などを通じて整備がすすめられているが、いまだに多くの特別法と法人形態が存続し、税制上の取り扱いも複雑に入り組んでいることから、一層の改革が求められている。この他、社会的排除の問題に取り組む社会的企業の育成のための制度の創出やサードセクターにおける資金調達方法の改善が求められる。

3-2 包括的なサードセクター統計の整備[5]

　日本のサードセクターを前進させるためには包括的な統計を整備することは重要な課題である。非営利組織については国連の「非営利組織のサテライト勘定に関するハンドブック」に基づいて経済社会総合研究所による統計が作成されている[6]。しかし、協同組合に

---

5) 栗本　昭「日本の社会的経済の統計的把握に向けて」, 大沢真理編『社会的経済が拓く未来』ミネルヴァ書房, 2011年

ついては日本でも世界でも包括的な統計は存在しない。国際協同組合同盟（ICA）は2004年から「グローバル300」という大規模協同組合のランキングを発表しているが、国別統計を集約した世界的な統計はない。アメリカでも従来は協同組合の包括的な統計はなかったが、2008年に「協同組合の経済的インパクト」という統計が発表されている[7]。日本の「経済センサス」は協同組合や非営利組織、特殊法人などを「会社以外の法人」をひとくくりにしていることから、法人類型別の統計を抽出することが課題となっている[8]。

3-3　サードセクター組織のキャパシティ・ビルディング

　サードセクターのなかには大規模な協同組合、ミューチュアルや非営利組織として全国的に事業を展開し、グローバルに活動する組織もあるが、小規模な草の根の組織は参加者や組織のキャパシティ・ビルディング（能力の強化・向上のプロセス）をすすめる必要があり、さらに公共契約、法務・税務、会計などの専門的な機能についての経営支援が必要である。そのための中間支援組織としては、イタリアの協同組合事業連合（Consorzi コンソルツィ）、イギリスの全国ボランタリー団体協議会（NCVO アキーボ）やサードセクター経営者協会（ACEVO）などが活動している。カナダの「社会的経済研究パートナーシップ」は大学とサードセクターの連携によって大学におけるリーダーのエンパワーメントと人材育成、若手研究者の育成をすすめてきた。日本にも各種協同組合連合会、各地のNPOサポートセンターや日本ACEVOが同様の活動を進めているが、制度の壁に阻まれており、また大学とサードセクターの連携も弱い。既存の大

---

6) United Nations（2003）*Handbook on Non-Profit Institutions in the System of National Accounts*, New York, 内閣府経済社会総合研究所（2008）『季刊国民経済計算』135号
7) Deller, S. et al（2009）Research on the Economic Impact of Co-operatives, University of Wisconsin Center for Cooperatives
8) 社団法人、財団法人、社会福祉法人、学校法人、医療法人、宗教法人、事業協同組合、農（漁）業協同組合、労働組合（法人格を持つもの）、共済組合、国民健康保険組合、信用金庫、日本放送協会（NHK）、各種の公団・公庫・事業団などが含まれる。

規模組織は自らの再活性化のためにも新しい組織のキャパシティ・ビルディングにより多くのリソースを配分することが求められている。

3-4　サードセクターの地域生活公共へのコミットメント

　サードセクターは公益目的の非営利組織と共益目的の協同組合を含む概念であるが、それぞれ地域の生活公共にコミットすることが求められている。地域という領域空間は産業構造の変化、人口移動、公共事業の削減と第1次産業の衰退、自然災害と原発事故という環境変化の中で、経済・社会・エコロジーの各側面で危機を迎えている。地域経済の開発については第1次産業の協同組合（農協、漁協、森林組合）が決定的に重要な役割を果たしているが、農山漁村の生態系・資源維持という公共目的にもコミットしている。また、生協と農協・漁協との産直は都市経済と農村経済の交流、地域経済の活性化に貢献しているが、生協やNPOによる買い物弱者支援活動（移動販売車、買い物バス、宅配など）も過疎地の住民の生活を成り立たせる上で不可欠の取り組みである[9]。地域社会の生活公共のために、社会福祉法人や医療法人、協同組合による医療・福祉事業が住民にとって不可欠のインフラを提供しているが、生協や労金による多重債務者の相談・貸付事業は第2のセーフティネットとして拡充することが期待されている。協同組合やNPOによる子育て支援、食育の活動も次世代育成のうえで大きな役割を果たしている。さらに、地域環境の改善のために協同組合やNPOによって省エネ・省資源のライフスタイルへの転換がすすめられ、再生可能エネルギーの発電と供給が取り組まれようとしている。阪神・淡路大震災に対するボランティアの支援活動とその後のサードセクターのロビー活動は1998年の特定非営利活動促進法（NPO法）や被災

9）経済産業省『買い物弱者応援マニュアルver.2.0』2011年

者生活再建支援法の成立に結実したが、今回の東日本大震災に際してもサードセクターは地域と生活の再建のために大きな役割を果たしている。このような協同組合、非営利組織の活動は本体事業による社会貢献の枠を超えて公益の実現への接近を示している。サードセクターがこれまでの制度的分断を乗り越えて地域の生活公共を強めるために、非営利セクターと協同組合セクターの内部、両サブセクターの間、さらに労働組合や地縁組織との間ののコラボレーションをすすめることが求められている。

おわりに：サードセクターの体系的な研究を
　日本のサードセクターを前進させるためには、その概念、制度、実態についての業界、学会の枠を超えた横断的研究が求められている。とりわけ、サードセクターの社会的・経済的インパクトについての実証的研究や制度、統計についての研究を発展させる必要がある。そのためにも、国内における協同組合学会、NPO学会、各種研究グループ（サードセクター研究会、非営利法人法研究会、社会的企業研究会等）の研究交流をすすめ、さらに、国際的な研究交流の場（ICA調査委員会、EURICSE、CIRIEC、EMES等）に参加して海外の先進的な事例・理論に学びながら、日本からも積極的に発信することが求められている。

著者紹介

第1章
住沢　博紀　　日本女子大学家政学部教授
　　　　　　　／一般社団法人　生活経済政策研究所所長

1948年三重県生まれ。京都大学法学部卒業ののち、ドイツ、フランクフルト大学で、「ドイツ社会民主党と新・旧社会運動」をテーマに博士号取得（Dr.Phil.）。1990年から、日本女子大学家政経済学科専任講師を経て現在に至る。生活経済政策研究所は2012年から所長。自治体議会政策学会事務局長、『現代の理論』編集委員。専攻は政治学、とりわけ社会民主主義政党を中心としたヨーロッパ現代政治、比較福祉国家、地域政党論、アンペイド・ワーク論、生活公共論など。現在の研究テーマは、欧州・アメリカのリベラル系シンクタンク組織の共通の政策テーマと21世紀の政党論（2012～2016年科研テーマ）。著書として『自治体議員の新しいアイデンティティ』（イマジン出版　2002）、編著として、『21世紀の仕事とくらし』（第一書林　2000）、『グローバル化と政治のイノベーション』（ミネルヴァ書房　2003）、共著として、『福祉国家再編の政治』（ミネルヴァ書房、2002）、『ポスト福祉国家とソーシャル・ガバナンス』（ミネルヴァ書房　2005）、『脱成長の地域再生』（NTT出版　2010）など。

第2章
藪長　千乃　　東洋大学国際地域学部教授

一橋大学社会学部卒業、東京都勤務、早稲田大学大学院社会科学研究科修士・博士課程を経て文京学院大学人間学部専任講師、同准教授、同教授、2013年4月より現職。ほか、早稲田大学、日本女子大学、学習院大学等にて講師を務める。

専門は、比較福祉政策、地方自治論。北欧諸国（特にフィンランド）の地域研究を手掛ける。

主著に、共編著『世界の保育保障』（法律文化社、2012年）、「フィンラ

ンドにおける中央＝地方関係の新たな展開：分権型福祉国家の政策イノベーション」（日本比較政治学会年報第12号『都市とイノベーション』所収、2011年）、翻訳『フィンランド現代政治史』（早稲田大学出版部、2003年）など。

第3章
鈴木　奈穂美　　専修大学経済学部准教授

日本女子大学大学院人間生活学研究科単位取得満期退学。学位　博士（学術）。専攻　生活経済論、生活福祉論。　現職　専修大学経済学部准教授

主要著作・論文

川島美保・伊藤セツ編『三訂消費生活経済学』光生館、2008年（共著）

「エンパワーメント概念の潮流と戦略的エンパワーメント政策の弊害」（専修大学人文科学研究所月報、第246巻、2010年）

「ワーク・ライフ・バランス論における公共性概念の位置づけ」（専修大学社会科学研究所月報、第582巻、2010年）など

第4章
才木　誠吾　　情報産業労働組合連合会中央執行委員政策局長

情報労連

情報労連（情報産業労働組合連合会）は、情報通信、情報サービス産業に係わる企業の労働組合をはじめ、印刷・運輸・ビルメンテナンス・警備等、260組合の様々な産業で働く仲間（22万人）で構成している産業別労働組合です。情報労連では、21世紀デザインに基づく「暮らしやすい社会」の実現に向け各種取り組みを行っています。

連絡先

情報産業労働組合連合会（情報労連）

〒101-0062　東京都千代田区神田駿河台3-6 全電通労働会館5階
03-3219-2231

info@joho.or.jp
http://www.joho.or.jp/

余田　彰　　　NTT労働組合中央本部中央執行委員交渉政策部長

NTT労働組合は、NTTグループ企業の労働者で構成する労働組合です。

1950年、全国電気通信労働組合（全電通）を結成し、運動を進め、21世紀を展望した新たな組織体制の確立を図るため、1998年12月1日、抜本的な組織改革を行ない、「NTT労働組合」として新たにスタートしました。

NTT労働組合は、組合員数17.8万、組織率99％以上と、単一労働組合としては日本で最も大きい組織の一つであり、組合員の雇用を守り、労働条件の維持・向上を図るととともに、平和・人権・環境問題をはじめ、地球規模における共存共生を基本に、情報通信を担う者として信頼と安全のネットワークづくりにつとめ、次代に向け自由で公正な社会の実現をめざしています。

NTT労働組合（NTT労組）
〒101-0062　東京都千代田区神田駿河台3-6 全電通労働会館6階
http://www.ntt-union.or.jp/

第5章

桐谷　光男　　　日本郵政グループ労働組合特別中央執行委員。JP総合研究所所長。

日本郵政グループ労働組合（JP労組）は、2007（平成19）年10月、郵政民営化に合わせて、日本郵政公社労働組合（JPU・旧全逓）と全日本郵政労働組合（全郵政）が組織統一して誕生した。郵政グループと関連企業に働く組合員で組織された産別的機能を備えた単組です。組織数は24万人。

「友愛、創造、貢献」（友愛の精神をもって、希望に満ちあふれた事業

と労働組合を創造し、組合員の生活の向上と公正な社会づくりに貢献する）との基本理念をもって、諸活動を展開している。

運動の基本目標とめざす労働組合の姿を定め、全国各地に点在する組合員とともに、幅広い活動を展開している。

〈運動の基本目標〉

○郵政関連企業すべてに働く者の雇用の安定と生活の向上をはかります。

○生産性運動の精神に立脚し、郵政関連企業の成長・発展に寄与します。

○労働者の社会的地位の向上をはかり、平和で公正な福祉社会の実現に貢献します。

〈めざす労働組合の姿〉

○日本郵政グループ内労働者の単一組織として、30万人組織をめざします。

○将来的には、郵政関連事業を主体により広範な産業別組織の結成をめざします。

○連合ならびにUNIの仲間むと連帯し、日本社会と国際社会に影響力のある組織をめざします。

日本郵政グループ労働組合（JP労組）

〒110-0015　東京都台東区東上野5－2－2　03-5830-2655

http://www.jprouso.or.jp/

第6章

住川　健　　　　電機連合産業政策部長

電機連合

電機連合は、電機・電子・情報関連産業およびその関連産業の労働組合を結集した組織であり、

1953年の結成以来、半世紀の歴史を誇る、民間大手（組合員60万人）の産業別労働組合組織です。

電機連合は「美しい地球・幸せな暮らし」の基本理念のもと、「安心で豊かな暮らしをめざす、
社会の安定と産業の発展に尽くす、頼りがいのある産別活動を推進する」をメイン・テーマに、
以下6つの柱の具現化に向けて活動を行っています。
● 一人ひとりが働く喜びを実感できる公正な労働環境の実現をめざします
● 豊かな暮らしと職業生活の充実との両立に向けて働き方を改革します
● 地球環境を大切にし、電機産業の力強い発展に取り組みます
● 安心・安全・安定で公正な社会の実現に向け、社会運動に主体的に取り組みます
● 最適な役割分担の下で労働運動の効果的な展開と効率的な組織運営を図ります
● 中堅・中小労組との連携・支援体制を構築します

連絡先
全日本電機・電子・情報関連産業労働組合連合会（電機連合）
〒108-8326　東京都港区三田1-10-3　03-3455-6911
http://www.jeiu.or.jp

第7章
山本　和代　　日本教職員組合　中央執行委員　教育改革部長
日本教職員組合
日本教職員組合は公立、私立、国立大学法人の幼稚園、小学校、中学校、高等学校、高等教育機関および公立学校共済組合直営病院、組合書記局、教育関係団体に就労する教職員・職員を構成員とした労働組合です。1947年に結成され、約30万人の組合員で構成されています。
平和・人権・共生・環境を柱とした教育の実践とともに、子どものゆたかな学びを保障するために、教育条件整備や教職員の待遇改善・地

位向上などを主な目的として、子どもと教育、教職員に関する様々な課題・政策に対する要求や提言・各種活動を行っています。

連絡先
日本教職員組合（日教組）
〒101-0003　東京都千代田区一ツ橋2-6-2　日本教育会館内
03-3265-2171
http://www.jtu-net.or.jp/

第8章
南部　美智代　全日本自治団体労働組合中央執行委員総合政治政策局長

自治労は、1954年に結成以来、地域公共サービスの担い手として、県庁や市役所、町村役場、一部事務組など自治体職員だけでなく、公社・事業団、福祉や医療などに関わる民間労働者や臨時・非常勤等職員などの仲間とともに公共サービスの質の向上をめざしている労働組合です。

2013年1月現在自治労は、47都道府県本部のもとに全国2746単組が組織し、約80万人が結集しています。

自治労は、公共サービスを提供する労働者のために4つの主な目標を掲げています。
①組合員の生活水準を向上させ、労働者の権利を守ること
②やりがいのある仕事ができるように話し合ったり、考える場を提供すること
③社会正義を実現すること
④労働者相互の助け合いとして、組合員の直接的サービス事業を行うこと。

全日本自治団体労働組合（自治労）
〒102-8464　東京都千代田区六番町1 自治労会館　03-3263-0262
info@jichiro.gr.jp

http://www.jichiro.gr.jp/

第9章
高橋　均　　　中央労福協前事務局長

中央労福協は、戦後間もない1949年に、既に分立していた労働組合と生協が、不足している生活物資を共同して調達しようと、上部組織の枠を超えて作られた組織である。その後、質屋と高利貸しからの解放をめざして、労働組合・労福協を母体に労働金庫が作られ、次いで全労済も発足した。そして、その普及のために、文字通り労働組合の役員と労金・全労済の職員が一体となって「ともに運動する主体」として共助の運動を進めてきた歴史があるところから、労金・全労済は、「労働者自主福祉運動」と呼ばれている。

著者は、連合本部総合組織局長・副事務局長を経て、2007年から2011年まで中央労福協事務局長を務めた。

労働者福祉中央協議会（中央労福協）
〒101-0052　東京都千代田区神田小川町3-8　中北ビル5階
03-3259-1287
http://www.rofuku.net/

第10章
山口茂記　　　中央労働金庫　副理事長

中央労働金庫

「ろうきんは、働く人の夢と共感を創造する協同組織の福祉金融機関」（ろうきんの理念）として労働組合と生活協同組合などが中心となって発足し、労金法が施行されて60年目。現在の全国のろうきんの概況は、13金庫、642店舗　約56千会員、約1千万人の間接構成員で構成される。預金残高は17兆円。その一金庫である中央労金は2001年に1都7県で発足。地域エリヤに151店舗、13754会員、326万9千人、総預金5兆1千億円、総融資3兆7千億円である。（2012年3月末）現在、

中期経営計画での目指すべき姿として、「あんしん創造バンク」をかかげ、組合員への生活応援、可処分所得向上運動を会員推進機構とともに進めている。
2001年自治労政治局長（執行委員）、2005年連合副事務局長（政治センター事務局長）、2009年中央労働金庫常務、2011年に現職。

中央労働金庫本店
〒101-0062　東京都千代田区神田駿河台2-5　03-3293-1616
http://chuo.rokin.com/

第11章
栗本　昭　　　公益財団法人生協総合研究所理事

1990年日本生協連国際部長、1998年財団法人生協総合研究所主任研究員を経て、現在公益財団法人生協総合研究所理事。主著に「諸外国と日本の協同組合運動の特徴：生協と農協の異同の観点から」生源寺眞一編『これからの農協』（農林統計協会、2007年）、「協同組合の連帯経済へのアプローチ」西川潤編『連帯経済』（明石書店、2007年）、『危機に立ち向かうヨーロッパの生協に学ぶ』（監修・コープ出版、2010年）、「日本の社会的経済の統計的把握に向けて」、大沢真理偏『社会的経済の意義と可能性：経済危機の時代に』（ミネルヴァ書房、2011年）、「世界の協同組合」、『協同組合の役割と使命』（家の光協会、2011年）

公益財団法人生協総合研究所（生協総研）
〒102-0085　東京都千代田区六番町15プラザエフ6F　03-5216-6025
ccij@jccu.coop

組合　その力を地域社会の資源へ
生活公共の視点から
労働組合・共済・労金・生協はなにができるのか

発　行	2013年4月20日
著　者	住沢博紀
	一般社団法人生活経済政策研究所
発行人	片岡幸三
印刷所	株式会社シナノ
発行所	イマジン出版株式会社©

〒112-0013　東京都文京区音羽1-5-8
電話：03-3942-2520　FAX：03-3942-2623
http://www.imagine-j.co.jp/

ISBN978-4-87299-634-0　C2031　¥2000E

お買い上げいただきましてありがとうございます。
万一、落丁・乱丁の場合は当社にてお取り換えいたします。